Walter Repges
Assisi – Siena – Montecassino

W0178873

WALTER REPGES

Assisi–Siena–
Montecassino

*Unterwegs mit
Franziskus und Clara,
Katharina und
Benedikt*

VERLAG JOSEF KNECHT · FRANKFURT AM MAIN

Umschlaggestaltung: Atelier Warminski, Büdingen
Umschlagmotiv: Toni Schneiders, Lindau

Alle Rechte vorbehalten – Printed in Germany
© Verlag Josef Knecht, Frankfurt am Main 1997
Satz und Reproduktion: Fotosatz Otto Gutfreund GmbH, Darmstadt
Druck und Bindung:
Freiburger Graphische Betriebe GmbH, Freiburg i. Br.

ISBN 3-7820-0765-4

Für
Hanne – Ursula – Elisabeth

Inhalt

Einführung

Dieses Buch lädt zu einer Reise nach Italien ein und dort zu einem Besuch der Orte und Stätten Assisi, Siena, Montecassino und Subiaco. Der Untertitel weist darauf hin, daß dieses Buch aber noch mehr will. Es möchte – und das nicht nur nebenbei – eine Hilfe sein, sich von diesen Orten an zwei Männer und zwei Frauen erinnern zu lassen, in denen die christliche Mitwelt und die Nachwelt Heilige, große geistliche und kulturelle Gestalten sieht.

Heilige sind *Menschen*, die »als Narren gehöhnt oder ertragen, als Ärgernis verfolgt oder als Boten des Himmels geliebt und gefeiert werden«[1], *Menschen*, von denen viele voller Bangen erwarten, daß sie »Licht in das Dunkel ... der sich als ein ‚Gewebe von Unsinn‘ (Goethe) darstellenden Geschichte«[2] bringen, *Menschen*, von denen Joseph Bernhart schreibt: »In der göttlichen Führung der Menschheitsgeschichte wird dem Bösen je und je eine kleine Schar von Erwählten zur Heilung und Rettung entgegengesandt. Als Propheten, Apostel oder Heilige reden sie im Namen Gottes für ihre Zeit, indem sie gegen sie reden .... Wie töricht also, die Boten des Reiches Christi ‚aus ihrer Zeit zu erklären‘, die Heiligen der Kirche mit anderen auffälligen Größen der Geschichte in dieselbe Reihe zu stellen! ... Der Heilige vor allem ist der Träger der göttlichen Selbstbezeugung in der Geschichte der Kirche.«[3]

Die *Heiligen*, auf die hier hingewiesen werden soll, sind Franz von Assisi, Clara von Assisi, Katharina von Siena und Benedikt von Nursia. Benedikt lebte im 5. und 6. Jahrhundert, wahrscheinlich von 480 bis 547. Franz und Clara lebten im 12. und 13. Jahrhundert, Franz von 1182 bis 1226 und Clara von 1193 bis 1253. Katharina schließlich lebte im 14. Jahrhundert, von 1347 bis 1380. Wir stoßen auf diese vier, wenn wir in die Toskana, nach Umbrien und nach Latium reisen und uns dort an sie erinnern lassen. Und wenn wir diese Erinnerung als Einladung verstehen, in ihnen nicht nur historische Gestalten zu sehen, sondern Boten Gottes, des Ewigen, allzeit Gegenwärtigen und allzeit Aktuellen, heute so ferne und so nahe wie vor tausend Jahren, des Gottes, der auch heute ansprechen und trösten will – und das durch sie. Denn »der Heilige lebt ja nicht für seinen Tag und nicht für den Boden seiner Schritte; und wollte er sein Licht unter den Scheffel stellen, so wird es eines Tages auch durch den Scheffel brennen. Die fernere Mitwelt und Nachwelt erreicht er früher oder später, ob er will oder nicht. Im stillen warten sie immer auf ihn.«[4]

Die *Orte*, auf die hier hingewiesen werden soll, sind vor allem die im Buchtitel genannten: Assisi in Umbrien, die Stadt der beiden »Franziskaner« Franz und Clara; Siena in der Toskana, Geburtsort und Hauptwirkungsstätte von Katharina; Montecassino in Latium, wo Benedikt ein heute noch bestehendes Kloster gründete, das viele Jahrhunderte lang zum Vorbild für alle Klostergründungen in der lateinischen Kirche wurde. Darüber hinaus sollen noch weitere Orte, die an Benedikt erinnern, nicht unerwähnt bleiben: Nursia (heute Norcia) in Umbrien (sein Geburtsort), die Abtei Monte Oliveto Maggiore in der Toskana – in deren Kreuzgang ein Zyklus von Fresken das Leben Benedikts darstellt – und Subiaco in Latium, die erste Wirkungsstätte Benedikts.

Dem, der die genannten Orte aufsuchen will, bieten sich viele Möglichkeiten: Man kann sie in der Reihenfolge aufsuchen, in der sie hier genannt sind: Assisi – Siena (mit oder ohne Abstecher nach Monte Oliveto) – Montecassino und danach, wenn die Zeit reicht, noch Subiaco. Oder man kann von Rom aus eine Tagestour nach Montecassino machen (132 km südlich von Rom an der Straße nach Neapel und Pompeji) und eine weitere nach Subiaco (70 km östlich von Rom) und sich sodann für eine Fahrt in den Norden mehrere Tage Zeit nehmen, um zunächst Assisi (knapp 200 km nördlich von Rom) und dann Siena (rund 140 km westlich von Assisi) zu besuchen. Auf dem Wege von Rom nach Assisi kann man von Spoleto aus einen Abstecher nach Norcia – früher Nursia – machen, das 50 km östlich von Spoleto liegt. Und von Siena aus lohnt sich auf jeden Fall ein Abstecher zu dem 35 km südöstlich von Siena gelegenen Kloster Monte Oliveto Maggiore. Man könnte sich natürlich auch damit bescheiden, von Florenz aus zunächst nach Siena (rund 60 km südlich von Florenz) zu fahren und von dort aus nach Monte Oliveto Maggiore und Assisi.

Doch wie und wohin der Weg auch geht, überall wird man zu der Einsicht kommen: Diese Orte sind die Heiligen nicht. Sie sind Hinweis auf sie. Und ebenso wird der, der sich diesen Heiligen zuwendet, zu der Einsicht kommen: Sie selber sind nicht der Gott, von dem man sagt, daß sie ihn bezeugen. Sie sind allenfalls ein Hinweis auf ihn. Aber eben darum sind sie ebenso wie ER letztlich unbegreiflich.

Franz von Assisi

Das älteste Bild von Franziskus
Noch vor seiner Heiligsprechung 1228 entstanden.
Das Fresko befindet sich in dem Kloster Sacro Speco in Subiaco.
Jahrhunderte zuvor hatte Benedikt von Nursia an diesem Ort als
Einsiedler gelebt.

Was die Steine von Assisi sagen

Er war ein Blitz.
Ein Erdbeben.
Ein Feuer.
Er war ein Geheimnis.

Man suchte, das Unbegreifliche verständlich zu machen. Das Anstößige wollte man korrigieren. Solange Franziskus lebte, konnte er sich dagegen wehren, seinem Schmerz und seiner Empörung Ausdruck verleihen. Doch einmal tot, war er – wie jeder gestorbene Prophet – machtlos in den Händen derer, die sein Erbe verwalteten – und verfälschten.

Einer von denen, die es besser wissen und besser machen wollten, war Elias von Cortona. Er hatte als sein Generalminister schon zu Lebzeiten des Heiligen die Leitung des Ordens der Minderbrüder inne. Er sah seine Stunde gekommen, als der Papst ihn ermächtigte und beauftragte, eine Basilika bauen zu lassen, die Grabstätte und Grabmal des Toten sein sollte. Schon 1230 – nur vier Jahre nach seinem Tod – konnte der Leichnam des Heiligen dort zur Ruhe gebettet werden. Doch das, was bis dahin fertiggestellt war, schien nicht genug. Es war nur die Unterkirche. Eine Oberkirche folgte: noch prächtiger, noch mächtiger, noch monumentaler. Dem imponierenden Außenbau folgte – als Elias schon nicht mehr Ordensoberer war – die Innenausstattung: Fresken von Martini, von Cimabue, von Lorenzetti und vor allem und immer wieder von Giotto. Sie zeigen in zum Teil berauschend schönen Bildern, was Franziskus getan und erlebt und was man von ihm Wunderbares erzählt hatte: wie er den Vögeln predigte, wie er einen Wolf bezähmte, wie er die Kirche, die der Papst im Traume zusammenbrechen sah, mit seinen Schultern stützte. 28 Fresken sind es allein, die von seinem Leben erzählen. Hinzu kommen jene, die die franziskanischen Gelübde symbolisieren oder zeigen, daß Franz ein zweiter Vorläufer wie Johannes der Täufer war, ein zweiter Apostel wie Petrus oder Paulus, ja letztlich ein zweiter Jesus von Nazaret.

Angesichts von soviel Aufwand zur Verherrlichung dessen, der seine Brüder ausdrücklich gemahnt hatte »Sie sollen nur kleine Kirchen errichten, keine großen Bauwerke«[1], und der selber, von allem entblößt, auf der nackten Erde liegend starb, fragt sich Simone Weil – und nicht nur sie –, wieso »in Assisi und Umgebung alles franziskanisch ist, wirklich alles, außer, was zu Ehren des heiligen Franziskus erbaut wurde, und außer Giottos Fresken«[2]. Ja, wieso eigentlich? Vielleicht deshalb, weil wir immer wieder versucht sind, das Unfaßbare faßbar zu machen? Weil wir – ob wir wollen oder nicht – des Zeichens bedürfen, um uns an das zu erinnern, was mehr und größer und unendlich anders ist als jedes Zeichen? Weil wir ja auch nicht umhin können, Worte für das zu gebrauchen, was jenseits aller Worte ist? Und wir tun es, obwohl wir – mehr unbewußt als bewußt – das Eigentliche immer wieder verdecken mit unseren Bildern, Zeichen, Wörtern – und mit unseren monumentalen und prächtig ausgestatteten Bauwerken –, so daß der große Jude Martin Buber den Christen vorwerfen muß, sie hätten Gott selbst mit Bildern, Begriffen und Wörtern zugedeckt, wie ja auch der Mond die Sonne zudecken kann, so daß einer sagen könnte: Die Sonne ist nicht mehr zu sehen, ja, sie ist – wie jeder »sehen« kann – gar nicht da.

All dieses sollte man bedenken, wenn man Assisi betritt und durchwandert: Fast jeder Platz, fast jede Straße, fast jede Kirche erinnert an Franziskus – und ruft uns dennoch zu: Das alles ist Franziskus nicht!

Basilica di S. Francesco in Assisi
Mit dem Bau dieser Kirche wurde im Jahre 1228, zwei Jahre
nach dem Tod von Franziskus, begonnen.

Hier, in dieser Stadt, wurde er geboren. Wo genau sein Geburtshaus stand, weiß man nicht. Der Grund ist einleuchtend: Sein Vater war so reich, daß er mehrere Häuser besaß, unter anderen auch das in der Nähe der *Piazza del Comune*, auf dessen Ruinen im 17. Jahrhundert die *Chiesa*

Nuova erbaut wurde und von dem noch einige Mauerreste erhalten sind, die dem neugierigen Besucher gezeigt werden. Dessen ungeachtet führt neben der Chiesa Nuova die Gasse *San Antonio* zu einem anderen Gebäude, in dem Franziskus geboren sein soll. Eine Inschrift aus dem 14. Jahrhundert weist darauf hin. Heute ist dort das *Oratorio San Francesco Piccolino*. Früher war es ein Stall, der zum elterlichen Haus – einem der elterlichen Häuser – gehörte. So will es die fromme Legende. Denn auch Jesus wurde in einem Stall geboren.

Hier, in dieser Stadt, wurde er getauft, und zwar in der Kathedrale *San Rufino*. Dort steht beim Eingang zum rechten Seitenschiff der Taufbrunnen, in dem er die Taufe empfing. Allerdings sagen andere, getauft worden sei er in der Kirche *Santa Maria Maggiore*, der früheren Bischofskirche, und das Taufbecken – »sein« Taufbecken – sei später nach San Rufino gebracht und dort aufgestellt worden.

Hier, in dieser Stadt, verbrachte er seine Jugend. Die Schule, die er besuchte, gehörte zur Kirche *San Giorgio*, unweit der Stadtmauer. Die religiöse Erziehung dagegen erhielt er in seiner Pfarrkirche *San Nicolò* an der *Piazza del Comune*.

Hier, in dieser Stadt, feierte er seine Feste, durchzog er singend und randalierend die Straßen und Gassen, war er der gefeierte, großherzige Gönner und Kumpan.

Hier, in dieser Stadt, auf ihren Plätzen und an ihren Straßenecken bettelte er eines Tages um Brot und Steine für die Kirche *San Damiano*.

Hier, in dieser Stadt, spielte sich die Szene mit dem Vater ab: Franz hatte Stoff von ihm verkauft, und das Pferd, mit dem er die Stoffballen zu den Käufern brachte, gleich dazu. Er brauchte Geld. Wollte er doch das halb verfallene Kirchlein San Damiano wieder aufbauen. Der aufgebrachte Vater forderte sein Geld zurück. Der Bischof sollte entscheiden. Auf dem Platz vor San Rufino saß er zu Gericht. Er entschied, Franz müsse dem Vater alles erstatten. Da zog Franz sich aus. Er gab dem Vater nicht nur das Geld zurück, sondern obendrein die Kleider, die er von ihm hatte.

Hier, in dieser Stadt, fand er die Regel, nach der er und die Gefährten, die zu ihm gestoßen waren, leben wollten. Das war in der Kirche San Nicolò. Hier stieß er auf die Worte: Verkauft alles, was ihr habt. Sogleich zog er mit seinen neugewonnenen Brüdern auf einen der belebtesten Plätze der Stadt. Heute heißt dieser Platz *Piazza Santa Chiara*. Dort verteilten sie alles, was sie hatten, an jeden, der es haben wollte. Hier, in dieser Stadt, predigte er – auf den Straßen und Plätzen und schließlich, nachdem der Papst ihm das erlaubt hatte, auch in den Kirchen, in *San Giorgio* zunächst und später auch in *San Rufino*.

Diese Stadt segnete er, als er schon dem Tode nahe war. Eine bronzene Reliefplatte bezeichnet den Ort, an dem er von seiner Heimatstadt auf diese Weise Abschied nahm.

Hier, in dieser Stadt, fand er seine letzte Ruhestätte – zuerst in San Giorgio und vier Jahre später in der neuen Basilika. Dort befindet sich sein Grab unter dem Hauptaltar der Unterkirche in einer Krypta. Hier, in dieser Stadt, in der Kirche San Giorgio, wurde er heiliggesprochen. Das war 1228 – zwei Jahre nach seinem Tode.

Dem, der Assisi, die Stadt des heiligen Franz, kennenlernen will, sei zunächst folgendes empfohlen: einfach ziel- und absichtslos diese mittelalterliche (und mittelalterlich gebliebene) Stadt zu durchwandern und so ihre Atmosphäre zu schnuppern bzw. richtiger: sich von ihrer einmaligen und unnachahmlichen Atmosphäre einfangen zu lassen. Erst danach mag er daran gehen, diese Stadt systematisch zu »erobern«. Für solch einen »Eroberungszug«

würde sich etwa der im folgenden aufgezeichnete Spazier-
gang und der Besuch der dabei genannten Sehenswürdig-
keiten empfehlen.

Ausgangspunkt – natürlich – *San Francesco*, die Basilika
zu Ehren des heiligen Franz, zu der der Papst selbst – es war
Gregor IX. – 1228 den Grundstein legte, zwei Jahre nach
dem Tod Franziskus' und einen Tag nach seiner Heiligsprechung, wozu der Papst eigens nach Assisi gekommen
war. Es wurde ein imposanter Bau, wenig franziskanisch
und doch eine Hilfe, Franz zu verstehen, nein, nicht ihn zu
verstehen, sondern im Grunde nur fassungslos die enorme
Wirkung zu bestaunen, die von ihm ausging und und den
Bau einer Kirche solchen Ausmaßes möglich machte, und
das innerhalb weniger Jahre. Zudem zog diese Kirche –
nein, der heilige Franz und die Erinnerung an ihn – bis
weit ins folgende Jahrhundert hinein wie ein Magnet
Künstler aus Florenz (Cimabue und Giotto), aus Pisa (Gi-
unta), aus Siena (Simone Martini und Petro Lorenzetti), ja
sogar aus dem fernen Rom (Jacopo Torriti, Filippo Rusuti,
möglicherweise auch Pietro Cavallini) an. Ihnen verdanken wir ihre Ausstattung mit Bildern, zum Teil auch die
bunten Glasmalereien, die mit ihrem in allen Farbtönen
spielendem Licht so faszinierend wirken. Man mag sich an
der Pracht der Fresken berauschen, auch versuchen, mit
oder ohne Reiseführer auf das zu hören, was sie uns erzählen, sollte aber nicht versäumen, in der Krypta auch das
Zentrum, das eigentliche Herz dieser Kirche aufzusuchen,
das arme Grab des armen Franz, und versuchen, betend
und fragend, sich und seine Kümmernisse loslassend, mit
ihm Zwiesprache zu halten.

Von der Basilica di San Francesco und der davorliegen-
den *Piazza Superiore di San Francesco* führt die *Via di San
Francesco* – die nachher in die *Via Portica* und später in die
Via del Duomo übergeht – zunächst zur *Piazza del Comune*

Die Fensterrose an der Basilica di S. Francesco in Assisi

und dann zum *Duomo San Rufino*. An der Via Portica, Haus Nr. 2, kurz von der Piazza del Comune, befindet sich der Eingang zur Krypta der früheren *Chiesa di San Nicolò* (Nikolauskirche). Die Kirche ist nicht mehr da. An ihrer Stelle steht heute ein Postgebäude. Aber die *Krypta* ist noch zu begehen und zu besehen. Sie ist zu einem Museum umfunktioniert und enthält etruskische, römische und frühchristliche Altertümer. Assisi – zur Römerzeit Asisium geheißen – ist nämlich schon jahrtausendealt: Bevor die Römer kamen, war es bereits eine etruskische Siedlung, wurde dann römisch, kam später unter die Herrschaft der Ostgoten und dann der Langobarden und schließlich des Kaisers, später des Papstes und zum Schluß (1860) des neu entstandenen Königreichs Italien.

An die Römerzeit erinnert auch der aus dem ersten vorchristlichen Jahrhundert stammende *Minerva-Tempel* an der Piazza del Comune, einer der am besten erhaltenen römischen Tempelbauten Italiens. An seiner Fassade – konkret seiner mit sechs korinthischen Säulen gezierten Vorhalle – »konnte ich mich nicht satt sehen«, schrieb Goethe. Der Tempelraum selbst wurde im 16. Jahrhundert in eine christliche Kirche mit dem Namen *Santa Maria sopra Minerva* umgewandelt. Heute ist sie – nachdem sie im 18. Jahrhundert in barockem Stil noch einmal erneuert wurde – dem heiligen *Philipp Neri* geweiht.

Neben dem Tempel ragt die *Torre del Comune* empor. Für diese stifteten die Gemeinden Italiens 1926 anläßlich des 700. Todestages des heiligen Franz eine Glocke, die Campana delle laudi. Neben dem Turm befindet sich der – ebenso wie dieser – romanische *Palazzo del Podestà*, der Sitz des Bürgermeisters. Auf der gegenüberliegenden Seite des Platzes ist das Gemeindehaus (*Palazzo dei Priori*) aus der gleichen Zeit. In ihm ist die städtische Gemäldesammlung (*Pinacoteca civica*) untergebracht: Fresken und Gemälde aus der umbrischen Schule, die Madonna, andere Heilige und natürlich Franziskus darstellend.

Durch den linken Gewölbedurchgang hindurch lohnt sich ein Abstecher zur *Chiesa Nuova* – »neu«, weil sie erst im 17. Jahrhundert erbaut wurde, und zwar eben dort, wo früher eines der Häuser des Vaters von Franziskus gestanden haben soll, – und weiter über das Sträßchen *Vicolo di San Antonio* zu dem mit Fresken aus dem 13. und 14. Jahrhundert geschmückten *Oratorio di San Francesco Piccolini*.

Ein weiterer lohnender Abstecher von der Piazza del Comune aus wäre rechts neben dem Postgebäude über die

Via S. Paolo zu den Kirchen *San Paolo, Santo Stefano* und *San Giacomo de Muro rupto* – jede für sich ein Kleinod romanischer Baukunst. Hier, in diesen kleinen mittelalterlichen Kirchen und auf diesen wenig begangenen winkeligen Gassen, atmet man im wörtlichen und im übertragenen Sinne die Luft, die auch Franz eingeatmet hat.

Aber der »eigentliche« Weg, auf dem es von der Piazza del Comune weitergeht, ist die *Via del Duomo*. Sie führt zum Dom. Er ist dem heiligen Rufinus geweiht, dem Märtyrer von Assisi, und über dessen Grab erbaut, zunächst als kleine Kapelle, dann – im 11. Jahrhundert – als prachtvolle Bischofkirche, die die frühere Bischofkirche Santa Maria Maggiore ablöste. Die Fassade dieses romanischen Domes gilt als die schönste ganz Umbriens.

Wer sich einen Ausblick auf ganz Assisi gönnen will, mag vom Dom aus über die *Via Santa Maria delle Rose* vorbei an Kirchen und Palästen zur *Rocca Maggiore* hinaufsteigen, jener kaiserlichen Burg, von der aus man Assisi beherrschen zu können glaubte und in der auch der (übrigens in San Rufino getaufte) spätere Kaiser Friedrich II. aufgewachsen ist. Oder man begnügt sich mit einem weniger strapaziösen und weniger zeitraubenden Gang über die *Via del Teatro Romano* (sie führt an den Ruinen eines römischen Amphitheaters vorbei auch zu den Überresten eines »richtigen« römischen Theaters) zu der *Rocca Minore* und genießt von dort aus einen weiten Ausblick auf Assisi und die Rocca Maggiore zugleich.

Auf jeden Fall aber »muß« man – will man das franziskanische Assisi nicht nur beschnuppern, sondern auch kennenlernen – nach dem Besuch der Bischofkirche (die unterhalb des Domes gelegene Via Roma überquerend) die *Basilica di Santa Chiara* aufsuchen. 1257, zwei Jahre nach der Heiligsprechung Claras, wurde dieser Bau begonnen.

Der romanische Dom in Assisi, der dem heiligen Rufinus geweiht ist
Um 1134 beauftragte der Bischof von Assisi den Baumeister
Giovanni da Gubbio mit dem Bau dieser Basilika

1260, nach nur drei Jahren, war er schon fertig und konnte – denn das war seine Zweckbestimmung – den Leichnam der heiligen Clara aufnehmen. Zunächst war sie – wie Franziskus – in San Giorgio beigesetzt worden. Die Kirche San Giorgio wurde in die neue Basilika integriert. Und so wie die Basilika San Francesco auch baulich mit einem Franziskanerkonvent verbunden wurde, so auch die Basilica

Santa Chiara mit einem Konvent der Klarissen. In der Krypta, deren jetzige Ausgestaltung erst im 19. und 20. Jahrhundert erfolgte, ruht Claras sterbliche Hülle und lädt zum Verweilen und schweigenden Zwiegepräch ein.

Danach mag man die Kirche selbst betrachten – ein typisches Beispiel für die italienische Gotik –, auch die mächtige und zugleich schöne Rosette über dem Hauptportal bewundern und schließlich in einer eigenen, neben der *Cappella del Sacramento* gelegenen *Cappella del Crocifisso* vor jenem Kreuz aus der Kirche San Damiano innehalten, von dem herab Franziskus einst die Stimme des Gekreuzigten selbst zu vernehmen glaubte.

Nicht weit von Santa Chiara entfernt – wenn man wieder Richtung San Francesco geht – ist die romanische *Chiesa di Santa Maria Maggiore*, die alte Bischofskirche, und vor der Kirche die *Piazza del Vescovado* mit dem *Löwenbrunnen*.

Außerhalb von Assisi liegen *San Damiano*, die *Einsiedelei der Carceri* und *Santa Maria degli Angeli*. Zu Franziskus gehören sie nicht weniger als die Stadt Assisi selbst.

Etwa zwanzig Fußminuten von der Basilika Santa Chiara entfernt, unterhalb von Assisi, befindet sich das Kirchlein San Damiano. Zu heidnischer Zeit schon war hier ein Versammlungsort der Christen. Im 7. Jahrhundert entstand die Kirche, die den heiligen Ärzten Cosmas und Damian geweiht war. Sie sollte zu einem Zufluchtsort für Menschen werden, die Heil und Heilung suchten.

Das suchte auch Franziskus. Nach Süditalien hatte er reiten wollen, um sich Ruhm und Ehre und die Rittersporen zu verdienen. Doch schon in Spoleto wurde er krank. Eine Stimme hieß ihn umkehren. Er kehrte um, wurde ein anderer, unterstützte Arme, pflegte Kranke und und wußte nicht, was er tun sollte und wozu er da war. Er war sich selbst zur Frage geworden. Da nahm er seine Zuflucht zum Ge-

San Damiano

Hier erhielt Franziskus vom Gekreuzigten den Auftrag, sein Haus
wieder aufzubauen. Clara lebte hier 41 Jahre lang und baute hier ihre
Schwesterngemeinschaft auf.

bet. Und hier, in dem damals halb verfallenen Kirchlein, das nur noch San Damiano hieß, vor dem Bildnis des Gekreuzigten, vernahm er die Worte: Franziskus, baue mein Haus wieder auf.

Das Kreuz, vor dem er gebetet hat, ist nicht mehr da. Es befindet sich jetzt in der Kirche Santa Chiara. In San Damiano hängt eine Nachbildung. Aber war es überhaupt das Kreuz, das zu ihm sprach, wie es die Überlieferung will? War es nicht viel eher der, der sich allem Begreifen entzieht? Und damit auch allem Gesehen- und Gehört-werden-Können? Und droht die Erzählung von dem sprechenden Kruzifix nicht den Bildlosen durch ein gemachtes Bild von ihm zu ersetzen? Franziskus glaubte nämlich das Ungeheuerliche: daß der Gekreuzigte und Auferstandene selbst, der Herr des Himmels und der Erde, der unfaßbare Gott zu ihm gesprochen hatte. Und daß dessen Wort keinen Widerspruch, kein Fragen und kein Zögern duldet. Darum machte er sich gleich daran, seinen Befehl auszuführen – so wie er ihn verstand. Er versuchte, das Kirchlein mit Mörtel und Steinen wieder herzurichten. Und als er das schlecht und recht zu Ende geführt hatte, begann er, auch andere Kirchen auszubessern – bis der Herr ihn wissen ließ, daß seine Aufgabe eine andere ist.

Doch San Damiano hatte Franz darüber nicht vergessen, erst recht nicht, als Clara mit ihren Schwestern dort ein klösterliches Leben führte. So wurde San Damiano auch der Ort, an dem er sich, als er schwer erkrankt und fast erblindet war, eine Hütte bauen ließ, um darin Ruhe und Genesung zu finden. Diese fand er nicht. Doch nach Wochen der Qualen, der Niedergeschlagenheit, ja Verzweiflung, als er körperlich und seelisch am Ende war, da durchzuckte ihn die Gewißheit des zukünftigen Seligseins. Und es entrang sich ihm das Lied, das wir den »Sonnengesang« nennen, der Lobpreis dessen, der ihm diesen Trost geschickt hatte und ihm doch zugleich alles das zumutete, was er auch seinem eigenen Sohn zugemutet hatte: Schmerz und Leid und die Nacht der Gottverlassenheit.

Heute ist San Damiano – baulich etwas erweitert und mit Fresken, Statuen, Blumengärten geschmückt – nur noch Ort der Erinnerung und des Schweigens.

Noch weiter weg von Assisi liegt die *Einsiedelei der Carceri*. Zu Fuß ist sie in einer Stunde vom Stadttor dei Cappucini aus zu erreichen. Ursprünglich bestand sie nur aus Grotten und Felsenhöhlen in den Wäldern des Subasio-Gebirges. Später kam ein kleines Oratorium hinzu, das die Benediktiner, denen es gehörte, Franz überließen, der sich dorthin immer wieder zum Gebet zurückzog. Hier zeichnete er auch – als Frucht seines betenden Suchens – eine neue Regel für seinen entstehenden Orden auf, um sie dem Papst zur Billigung vorzulegen. Später wurde das Oratorium um eine kleine, heute von Franziskanern bewohnte Klosteranlage mit Kreuzgang und Kirche (bzw. Kirchlein) erweitert: ein Ort, der mehr und eher den Geist des heiligen Franz bewahrt hat als die Basilika, die seinen Namen trägt, und auch mehr als die *Basilika di Santa Maria degli Angeli*.

Letztere wird dafür viel mehr besucht, teils, weil sie (wenn man von Perugia kommt) vor Assisi und zudem in der Nähe des Bahnhofs liegt, teils aus zweifelhafter religiöser Habsucht: Hier kann man Ablässe gewinnen, und zwar in der *Portiuncula-Kapelle,* über die dieser Prachtbau in der langen Zeit von 1569 bis 1684 errichtet wurde. Die Fassade stammt erst aus dem 20. Jahrhundert. Und doch: Wem Franziskus etwas wert ist, der wird nicht vergessen, was dieser Ort für ihn bedeutete. Denn in Portiuncula, jenem kleinen Stückchen Erde (das will der Name besagen), befand sich, von Wäldern umgeben, eine Kapelle, die der heiligen Maria von den Engeln (Santa Maria degli Angeli) geweiht war. Auch diese fast baufällige Kapelle wollte Franz wieder instandsetzen.

Und da geschah es: Er besuchte die Messe, hörte das Evangelium des Tages und war von dem, was er hörte, zutiefst getroffen. Ihm war es nicht ein Bericht von dem, was vor vielen hundert Jahren einmal zu anderen gesagt worden war. Ihm war es das Wort Gottes selbst, und es richtete sich an ihn, jetzt, hier, heute. So wurde die Portiunculakapelle zum Ausgangspunkt der franziskanischen Bewegung. Die Benediktiner, denen sie gehörte, verpachteten sie Franz und seinen Brüdern gegen die jährliche Lieferung von einem Korb Fische, die man in dem nahe gelegenen Flüßchen fangen konnte. Hier trafen sich die Brüder, die sich Franz anschlossen, regelmäßig zum Gebet und zur Beratung. Hier nahm Franz Clara in seine Gemeinschaft auf. Hier war es auch, wo er den letzten Atemzug tat. Heute ist die ursprüngliche Portiuncula-Kapelle überwölbt von der triumphalistisch anmutenden, barocken Basilika, die von der Kapelle den Namen Santa Maria degli Angeli übernommen hat (und von der selbst das Städtchen, das ringsum im Laufe der letzten Jahrhunderte entstanden ist, seinen Namen Santa Maria degli Angeli erhielt). Und die wenige Meter neben der Kapelle gelegene Hütte, in der Franz starb (sie heißt heute *Cappella del Transito*), muß man erst einmal unter lauter Gold und Marmor suchen.

Was die Biographen sagen

Biographien über Franz von Assisi gibt es in reichem Maße: Legenden des 13. und 14. Jahrhunderts[3] und historisch-kritische Untersuchungen des 19. und 20. Jahrhunderts;

Versuche, Franz aus seiner Zeit und dem gesellschaftlichen Umfeld zu erklären, und das Eingeständnis, daß er rational nicht zu fassen ist; Beschreibungen, die für das Heilige keinen Platz lassen, und das Bekenntnis, daß durch den Mund dieses einen Gott selbst gesprochen hat.

Und in der Tat: Scheint nicht gerade die kaum noch zu überblickende Fülle von Franziskus-Büchern darauf hinzudeuten, daß seine Gestalt letztlich nicht zu fassen ist? Daß bei ihm »immer etwas unauffindbar bleibt«[4]? Daß diejenigen recht haben, die sagen, er sei »der unvergleichliche Heilige«[5]. Gewiß. Er ist – so kann man lesen – »eine der größten Seelen, die die Menschheit besaß«[6] (Joseph Lortz), »eine der bedeutendsten Gestalten der Religionsgeschichte überhaupt«[7] (Bernhard Lang), ja, »seit Jesus... der einzige vollkommene Christ«[8] (Ernest Renan). Doch »wer Franziskus eigentlich war – das weiß Gott allein«[9]. Es soll hier nicht versucht werden, hundertmal Gesagtes noch einmal zu sagen. Nur skizzenhaft sei auf einiges hingewiesen, was Franz so erstaunlich und zugleich so – auch heute – ansprechend macht, konkret, was die Biographen über ihn sagen.

Über den Ablauf seines Lebens

Franz war der Sohn eines wohlhabenden Tuchhändlers in Assisi. Er führte ein verschwenderisches Leben. »Als ich noch ganz in Sünden war«, wird er später über seine Jugend schreiben. In dieser Zeit war er zwar als gönnerhaft, großzügig und nobel bekannt, aber das Entscheidende war nicht in Ordnung: Gott stand nicht im Mittelpunkt. Bei einem Krieg zwischen Perugia und Assisi gerät er in Gefangenschaft. Hernach ist es eine Krankheit, die ihn niederwirft. Er geht in sich. Er fragt. Er sucht. Er betet – und

Franz betet vor dem Gekreuzigten in dem halb verfallenen Kirchlein
von San Damiano
Fresko von Giotto (1265–1336) in der Oberkirche der
Basilica di S. Franceso.

vernimmt in dem Kirchlein von San Damiano die Stimme des Gekreuzigten, die ihm befiehlt, das zerfallene Gotteshaus wieder aufzubauen. Franz versteht diese Aufforderung wörtlich. Er schleppt Steine und Mörtel herbei. Obendrein verkauft er Tuch und Pferd des Vaters und bietet dem Pfarrer von Sankt Damian den Erlös an, damit er davon die Kirche in Ordnung bringen lasse. Der Vater wird wütend und verlangt sein Geld zurück, erst vor dem weltlichen, dann vor dem kirchlichen Gericht. Und hier, vor dem Bischof, gibt Franz ihm nicht nur das Geld zurück, sondern noch dazu alle Kleider, die er am Leibe trägt. Nichts bindet ihn mehr an seinen irdischen Vater. Jetzt, nachdem er alles weggegeben hat, weiß er sich frei, frei wie ein reiterloses Pferd.

Franz pflegt Kranke, lebt vom Bettel und fährt fort, betend nach seiner eigentlichen Berufung zu fragen. In dem Kirchlein Santa Maria degli Angeli wird ihm die Antwort zuteil. Er vernimmt das Evangelium vom Fest des heiligen Matthias – es war der 24. Februar 1209: »Geht und verkündet: Das Himmelreich ist nahe. ... Steckt nicht Gold, Silber und Kupfermünzen in euren Gürtel. Nehmt keine Vorratstasche mit auf den Weg, kein zweites Hemd, keine Schuhe, keinen Wanderstab. ... Wenn ihr in ein Haus kommt, dann wünscht ihm Frieden« (Mt 10,7 ff).

Franz ist überwältigt vor Freude. Das ist es, was er suchte. Er hat seine Aufgabe, sein Programm, seine Regel: nichts zu besitzen und den Frieden Christi und das Himmelreich zu verkünden! Er versteht und lebt das Evangelium wörtlich. Schuhwerk, Stock und Gürteltasche wirft er weg. Nichts will er haben außer dem, was der Allerhöchste selbst, davon ist er überzeugt, ihm zu besitzen gestattete: eine Kutte, ein Beinkleid, einen Strick. Seine Radikalität gewinnt ihm Brüder. Um Gottes Willen zu erfahren, schlägt er mit ihnen in der Nikolauskirche aufs geratewohl das Evangelienbuch auf – was »an sich« von der Kirche als Aberglauben gebrandmarkt und dementsprechend verboten war – und liest: »Wenn du vollkommen sein willst, geh hin und verkaufe alles, was du hast, und gib es den Armen, und du wirst einen Schatz im Himmel haben« (Mt 19,21).

Als sie – Franz und seine Brüder – zwölf sind, macht er sich auf, den Papst um die Bestätigung seiner Lebensweise und um die Erlaubnis zum Predigen zu bitten, weil das III. Laterankonzil 1179 den Laien das Predigen untersagt hatte. Der Papst willigt ein. Die Herrschergestalt eines Innozenz beugt sich dem Anliegen eines zerlumpten Bettlers! Franz und die Seinen durchziehen die Lande und predigen die Predigt Jesu: Tut Buße, denn das Himmelreich ist nahe! Und sie leben das Leben Jesu, der nichts hatte, wohin er sein Haupt hätte legen können. Franz läßt sich von niemandem und von nichts von seinem Wege abbringen. Weder der Spott seiner ehemaligen Freunde noch die wohlmeinenden Ratschläge kirchlicher Autoritäten, sich einem der alten Orden anzuschließen, vermögen ihn davon abzubringen, für sich und seinen neuentstehenden Orden auf der Forderung nach absoluter Armut zu beharren. Und wenn alle und alles gegen ihn ist – der gesunde Menschenverstand, die kirchliche Tradition, die Erfahrung der Kirche mit den Waldensern –, er bleibt bei dem, was seiner festen Überzeugung nach der Herr selbst ihn gelehrt hat. Was die Welt für groß und wichtig ansieht, kümmert ihn nicht. Und während die ganze Christenheit es für richtig hält, das Heilige Land mit Waffengewalt zu erobern, geht er ohne Waffen und ohne Kriegsheer hinüber in das Land der »Ungläubigen«, um vor dem Sultan zu predigen. Das ist sein Kreuzzug.

Franz läßt sich leiten vom Evangelium. Seine Gefährten sendet er aus mit den Worten: »Geht zu zweit in die Welt und verkündet den Menschen Frieden und Buße zur Vergebung der Sünden. Seid geduldig im Leiden, überzeugt, daß der Herr sein Versprechen und seine Verheißung erfüllen wird.« Und weil im Evangelium steht:»Eßt, was man euch vorsetzt« (Lk 10,8), erlaubt er als erster Ordensstifter, von allen Speisen zu essen. Und als der Bauer den Schuppen, der ihn und seine Brüder eine zeitlang beherbergt hatte, für seinen Esel beansprucht und sich dabei in wüsten Drohungen ergeht, weicht er ohne Zögern. Denn dem Bösen nicht zu widerstehen, hat ihn das Evangelium gelehrt.

Er selbst zieht durch ganz Italien, nach Frankreich, Spanien, ja, bis zum Orient.[10] Dabei ist er voller Glut, die ihn oftmals bis zum Tanzen hinreißt, weil nicht nur sein Mund, sondern der ganze Mensch predigt und bezeugt, was der Mund spricht. Wie ein Feuerbrand breitet sich die neue Botschaft von der buchstäblichen Annahme des Evangeliums über ganz Europa aus. Zu Tausenden strömen ihm die Brüder zu. Sie wollen wie er und unter seiner Leitung das Leben der vollkommenen Nachfolge leben. Man braucht Unterkünfte, ein Noviziat, eine feste Ordnung. Franz sträubt sich. Er sieht seine Freiheit, nur das Evangelium zu leben, bedroht. Doch er fügt sich, als Papst Honorius 1223 dem Orden eine Regel gibt, in der der ihm so teure, weil dem Evangelium entnommene Satz gestrichen ist:»Ihr sollt nichts mitnehmen auf eurem Weg.« Es ist der Sieg der Vernunft, der Franz jedoch nicht davon abhält, selber weiterhin unvernünftig zu sein und statt auf die Vernunft auf Gott zu bauen und seine Brüder aufs eindringlichste zu mahnen, nur wie Pilger und Fremdlinge auf dieser Erde zu leben.

Allein, als er aus dem Heiligen Land zurückkehrt, muß er voller Schmerz feststellen, daß seine Brüder in Bologna im Besitz eines Studienhauses sind. Er befiehlt kurzerhand, es abzureißen. Nur die Intervention der Stadtverwaltung verhindert die Ausführung seiner Anordnung.

Es ist der Anfang der Vollendung seines Leidensweges. So wie er sich zu Beginn seines Weges der Nachfolge von seinem Vater hat trennen müssen, so naht jetzt die schmerzhafte Entfremdung von seinem eigenen Orden. Er sieht sich gezwungen, die Ordensleitung niederzulegen (1220), und es peinigt ihn sogar die Frage, ob er den Orden ganz verlassen müsse. Wünschte doch dessen neuer Generalminister Elias zusammen mit der Mehrheit der Provinzoberen und dem Papst eine mildere (»vernünftigere«) Regelung des ihm vom Herrn selbst gebotenen Armutsideals. »Wer sind die«, so klagt Franz, »die mir meinen Orden und meine Brüder aus den Händen gerissen haben?« Und: »Ich liebe die Brüder, wie ich's vermag; wenn sie freilich meinen Spuren folgen wollten, würde ich sie mehr lieben und mich nicht von ihnen entfremden.«[11]

Franz wählt aber nicht den Weg der Empörung, sondern den des demütigen Gehorsams. Er bleibt als Bruder Franz einem Generalminister untertan, der eines Tages nicht nur den Orden verlassen mußte, sondern auch exkommuniziert wurde. Und uns überläßt Franz die Beantwortung der Frage, wer denn nun letztlich der Größere, der Freiere und der Siegreiche von beiden war.

Franz fährt fort, Kranke zu betreuen, Aussätzige zu pflegen – und zu leiden. Auf dem Monte Alverna, wohin er sich zu vierzigtägigem Beten und Fasten zurückzieht, empfängt er – was noch keinem Christen vor ihm widerfahren ist – die Wundmale des Herrn. Sie lassen ihn schmerzlich und beseligt zugleich sein Leiden als ein Mitleiden mit dem erfahren, dem er nachfolgen und ähnlich werden wollte. Krankheit und Erschöpfung werfen ihn nieder. Doch inmitten seiner Qualen dichtet er den von Lob und Dank überfließenden Sonnengesang, den er immer wieder singt oder von den Brüdern singen läßt und dem er, als sein Tod naht, den Gruß an »Bruder Tod« hinzufügt.

Zwei Dinge tut er noch, bevor er stirbt. Er bittet um das Mandelgebäck, das er so sehr liebte und das nur Frau Jacoma di Settesoli zu backen vermochte, und er entledigt sich seiner einzigen Habe, nämlich seines Habits, so daß man mit einer geliehenen Kutte seine Blöße bedecken muß.

Armut und Reichtum

> *»Ich, der kleine Bruder Franz, will das Leben und die Armut unseres höchsten Herrn Jesus Christus und seiner heiligsten Mutter befolgen und darin verharren bis zum Ende.«*

So zitiert die Erzählung Bruder Leos und der Gefährten aus einem Brief des Franziskus.[12] Armut ist für ihn Erfüllung des Evangeliums. Sie ist keine soziale, sondern eine religiöse Angelegenheit. Und darum macht sie gelöst und frei und nicht fanatisch. Sie läßt Franz singend vor Glück die Gerichtsverhandlung vor dem Bischof verlassen, bei der er sich von allem, was er besaß, getrennt und es seinem leiblichen Vater zurückgegeben hatte. Ebenso läßt sie ihn die nicht beschimpfen, die nicht so leben wollen wie er. Vielmehr berichtet die Drei-Gefährten-Legende:

> *»Auch ehrte er die Behörden, die Edelleute und die Reichen. ... Nach seinem Willen sollten die Brüder solchen Leuten mit Ehrfurcht begegnen wie ihren Geschwistern und Herren.«*[13]

Im »Lobpreis der Tugenden« grüßt Franz als Schwester der heiligen Frau Armut die Demut. Sie ist die innere Haltung, die der äußeren Armut entspricht. Seine Demut läßt ihn sich und die Seinen »Minderbrüder« nennen. Seine Demut läßt ihn auch mißtrauisch gegenüber allem Bücherwissen sein. Denn Wissen bläht auf und macht hochmütig.

Der heilige Franzsikus verzichtet auf seine Habe
Fresko von Giotto (1265–1336) in der Oberkirche der
Basilica di S. Francesco

Darum »wollte er nicht, daß seine Brüder gar sehr nach Wissenschaft und Büchern strebten«[14].

»Ich sage euch, meine Brüder, jene, die sich vom Ehrgeiz des Wissens führen lassen, werden am Tag der Heimsuchung ihre Hände leer finden. Deshalb möchte ich lieber, sie würden in der Tugend erstarken, damit sie, wenn die Zeit der Heimsuchung kommt, an Gott ihren Halt in der Bedrängnis haben.«[15]

Denn Gott selbst ist der Reichtum, den ihm die Armut schenkt. »Nun kann ich in Wahrheit sagen: Vater unser, der du bist im Himmel«, ruft Franz aus, als er sich von seinem irdischen Vater trennt und ihm Geld und Kleider zurückerstattet. Freisein vom Endlichen ist ihm Freisein für das Unendliche. Es läßt ihn von sich selbst nichts, von Gott aber alles erwarten. Einmal vertraut er darauf, daß Gott die Wege seines eigenen Lebens, des Lebens seiner Brüder, ja der ganzen Weltgeschichte leitet, und daß Gott das zum guten Ende führen wird, was dem Menschen wie ein unentwirrbares Knäuel von schuldhaften Versäumnissen und verpaßten Gelegenheiten erscheint. Und zum anderen erfährt er alles, was ist, was er sieht und was ihm widerfährt, als göttliches Geschenk und ist dankbar dafür, daß überhaupt etwas ist und nicht vielmehr nichts – dankbar für die Sonne, den Mond und die Sterne, dankbar für die Luft und das Wasser, das Feuer und die Erde, dankbar auch für Leid und Trübsal, ja sogar für Bruder Tod.

Freiheit und Bindung

»Ein Mensch, dem die herrliche Freiheit der Kinder Gottes gegeben war«[16], schreibt Thomas von Celano über Franziskus. »Die letzlich nicht zu ergründende Anziehungskraft des heiligen Franziskus gründet nicht zuletzt hier, in seiner inneren Freiheit«[17] meint Joseph Lortz. Und Heinrich Federer beschreibt diese Freiheit mit den Worten: »Was dem heiligen Franz in unserer Zeit bei Hunderttausenden eine so große Volkstümlichkeit gibt, das ist ganz gewiß... auch die unsägliche Freiheit des Poverello, ohne gesichertes Domizil, ohne Erwerb, ohne Geldsäckel zu leben, genau wie ein unbesorgter, nestloser Vogel.« Und wie zur Erläuterung fügt Federer hinzu: »Alles ist eben in seinen Augen unendlich einfach. Tun, wie man denkt, ... reden, wie man fühlt, alles nehmen, wie's kommt, ... und im übrigen dem großen Walter und Sorger aller Dinge seine kleinen Sächelchen und Tage fröhlich anheimstellen.«[18]

Franz ist, weil er ursprünglich, unableitbar und ganz er selbst ist, keinen Konventionen, keiner Tradition, keinem Zeitgeist verpflichtet. Und eben auch keinem Geld, keinem Besitz, keinen Gütern dieser Erde. Seine radikale Armut hat ihm auch diese radikale Freiheit geschenkt. Seine Freiheit durchdringt alles, was er ist, sagt und tut. Sie läßt ihn voller Selbstbewußtsein einem fragenden Jüngling sagen: »*Ich bin dein Brevier*« – und mit dem gleichen Selbstbewußtsein seine Sache gegen Päpste und Kardinäle verteidigen. Er sagt nicht, alle müßten handeln wie er. Aber niemand kann ihn zwingen, so zu handeln wie die anderen: wie die Welt, die nur an Geld, Vergnügen und Ehre dachte, wie die Kirche, die so reich und mächtig und einflußreich geworden war, oder wie die tausendjährige Tradition, die das ursprüngliche Wort des Evangeliums mit einer gelehrten Theologie zugedeckt hatte.

Er hat sein Jahrhundert in einer Weise verneint, die nur dem vergleichbar ist, was Jesus seiner Zeit entgegenschleuderte: »Euch ist gesagt worden... *Ich aber sage euch*...« Wer aber ihm die Kraft zu solcher Unabhängigkeit gab, war seiner festen Überzeugung nach Gott selbst.

»Gott hat mich auf den Weg der Einfachheit gerufen. ... Und der Herr sagte mir, daß ich ein neuer Narr sei in der Welt.«[19]

Daher also seine Einmaligkeit, die es verbietet, ihn in irgendein Schema einzuordnen oder aus seiner Umwelt erklären zu wollen. Daher auch das Rätselhafte, das ihn umgab und das die einen veranlaßte, in panischer Angst vor ihm zu fliehen, während sich die anderen mit geradezu magischer Kraft an ihn gebunden fühlten und ihm nachfolgten.

Seine Freiheit war Freiheit in Bindung – Bindung an Gott, das Fundament seiner Freiheit, und Bindung an die Kirche, die ihm der Raum und der Weg war, Gott zu dienen, der er sich darum in Demut und Gehorsam unterwarf. Dieser Gehorsam galt ganz konkret dem Papst und der römischen Kirche. Nicht als ob Franz nicht gewußt hätte, welcher Kirche er sich da unterwarf und wie unvereinbar ihr protziger Prunk mit dem armen Leben Jesu war! Kaum jemals spricht er von den Priestern, ohne an ihre Sünden zu erinnern. Und dennoch sagt er:

»Seid den kirchlichen Herren untertan.« Allein er fügt hinzu: *»Deckt ihre Fehler zu, und ihr vielfaches Versagen sucht auszugleichen. Und wenn ihr dies vollbracht habt, so sollt ihr um so demütiger sein.«*[20]

Nicht durch Kritik gedachte er die Priester und Prälaten der Kirche, zu deren Hilfe er sich gesandt wußte, zu bekehren, sondern durch Ehrfurcht und Gehorsam. Er wollte nicht zerstören, sondern das Haus, das sein eigenes war, aufbauen. Deswegen gab diese selbstlose Unterwerfung unter eine unvollkommene und sündhafte Kirchenbehörde dem Armen von Assisi eine Autorität in der römischen Kirche, die größer war als die des Papstes selbst.

Gehorsam in heiliger Einfalt, die dem Vorgesetzten den gebührenden Rang zuerkennt und selber keinen erstrebt, wollte Franz auch innerhalb des Ordens gegenüber den Ministern, die selbst wieder Diener der Brüder (daher der Name »minister« [lat.] = Diener) sein sollten. Gehorsam wollte er aber auch gegenüber den Großen dieser

Welt. »Bruder, vergib deinem Herrn um Gottes willen, auf daß du innerlich frei werdest!«[21] Das sagte Franz einem, der sich voller Wut in Beschimpfungen gegen seinen Grundherrn erging. Aber über dem Gehorsam gegenüber kirchlichen und weltlichen Oberen steht noch die innere Freiheit, die aus der Bindung an Gott erwächst. Darum legt Franz ausdrücklich fest, was auch für ihn selber gilt: Die Pflicht zum Gehorsam hat ihre Grenzen an der Sündhaftigkeit des Befohlenen und an dem, was das eigene Gewissen gebietet. Gewiß will er Freiheit in Bindung. Aber in der Bindung will er eben auch Freiheit.

Freude und Leid

Die Botschaft der Freude verkündet Franz mit allen Fasern seines Seins. Freude erfüllt ihn, als er in der Kirche von Sankt Damian seine Berufung erfährt. Freude erfüllt ihn, als er vor dem Bischof und dem Vater die endgültige Trennung von dieser Welt vollzieht. Freude erfüllt ihn, wann immer er den Namen Jesus hört oder ausspricht, so daß er darüber mitunter sogar das Predigen vergißt.

Die Quelle seiner Freude ist Gott. »Herr... Du bist die Geborgenheit, die Ruhe, die Fröhlichkeit und die Freude... – unsere große Glückseligkeit.«`So heißt es in seinem mit eigener Hand auf dem Berg Alverna aufgezeichneten Lobgesang[22], der bis heute in einem Reliquiar in Assisi aufbewahrt wird. Alle Menschen, die ganze Schöpfung, will er diesen Gott finden lassen, der seine Freude und seine Glückseligkeit ist:

»Denn was sind die Knechte Gottes anderes als Spielleute des Herrn, die an die Herzen der Menschen rühren sollen, um ihnen heilige Freude zu bringen?«[23] So erklärt er selbst: »Denn es schickt sich nicht für den Knecht Gottes, sich traurig zu zeigen und ein betrübtes Gesicht zu machen.«[24]

Und doch hat Franz Schmerz und Leid und die Qualen auswegloser Verzweiflung erfahren und ertragen wie nur je einer: Krankheit (nicht einmal, sondern viele Male, bis hin zu dem schmerzhaften Augenleiden, das durch ärztliche Behandlung nur noch schlimmer und noch schmerzhafter wurde und das ihn fast erblinden ließ). Ertragen hat er die jahrelange Suche nach dem, was er denn nun eigentlich wollte und was er sollte, sowie die zermürbende Auseinandersetzung mit denen, die aus der Regel, die er dem Evangelium entnommen hatte, etwas »Vernünftigeres« machen wollten, ertragen die Nächte voller Angst und Depressionen und Selbstanklagen, die der Dichtung des Sonnengesanges vorausgingen und die ihn zwischen den Dämonen der Finsternis und den Engeln des Lichtes hin und her rissen, ertragen die vierzig Tage des Büßens und des Fastens auf dem Alvernerberg, der ihm zu einem zweiten Golgota wurde.

Auch Franz sah sich vor die Frage gestellt, mit der auch heute sich mancher konfrontiert sieht, jene letztlich unbeantwortbare Frage, die die bleibende Versuchung des Glaubens darstellt: »Soll ich die Tragik des Daseins leugnen, um an Gott nicht irre zu werden? Oder muß ich, wenn Tragik in der Welt, ja die Welt tragisch ist, Gott verneinen? Oder wenn Gott ist, wie verträgt sich mit ihm die Welt in der Gottverlassenheit?« So formuliert Joseph Bernhart sein und unser Fragen.[25] Eine Antwort gibt Bernhart selbst: »Der Sohn Gottes ist in allem Mensch geworden. In ihm ist die Tragik geheiligt, weil es offenbar geworden, daß sie der Wille Gottes, des Heiligen, ist.« Und er zieht daraus die Konsequenz: »Wir sind nicht *von* der Tragik der Welt *erlöst*, sondern *hinein erlöst* in ihre volle Gültigkeit vor Gott.«[26]

Das ist im Grunde auch die Antwort, die Franz sich gab und die er uns gibt. Leiden ist ihm Mit-Leiden mit Jesus, dem Gekreuzigten. Franz, der in allem ein zweiter Christus sein wollte, wurde es auch im Leiden und wollte es auch im Leiden sein. Er wollte ertragen, was auch der ertrug, dem seine ganze Liebe galt. Denn er wußte das eine: »Der Schmerz Christi erklärt, erleuchtet und rechtfertigt alle Schmerzen der Menschen.«[27] Doch Franz wußte auch das andere: »Wenn wir mit Christus leiden, dann werden wir auch mit ihm auferstehen« (Römer 6,8 und 8,17).

Warum aber hieß für den Gottessohn Annahme des Menschseins Annahme des Leidenmüssens? Warum gehört das Leidenmüssen auch ohne ihn zur Kreatur, solange es Kreatur gibt? Weil die Kreatur, solange es Kreatur gibt, dazu bestimmt ist, erst jenseits der Grenzen ihres Kreaturseins zur Vollendung zu gelangen. Weil das Geschöpfsein nicht die Bestimmung des Geschöpfes ist. Weil dem Geschaffensein die Einladung zu einem Mehr, zu einem Darüberhinaus, zu einem Jenseits von Anfang an mitgegeben wurde, zu einem Jenseits, das seinem Wesen nach – weil ungeschaffen – mit geschaffenen Kräften nicht erreichbar ist. Das verspürt – und durchleidet – erst recht der, der Gott so unmittelbar erfährt, wie Franz es tat. »Franz« – so schreibt Joseph Bernhart von ihm – »erfuhr die tiefe seelische Not des gottunmittelbaren Menschen, der sich ... nie der Forderung gewachsen sieht, derjenige zu sein, als welchen Gott ... ihn haben will.«[28]

Und daran, daß diese Erde nicht unsere letzte Bestimmung ist, erinnern unsere Krankheiten, unsere Not, unsere Fragen, die kein Ende nehmen. Sie lehren, nicht auf uns und unsere schwachen Kräfte zu bauen, sondern auf den, den Franziskus den Herrn nennt und zugleich den Guten[29], und darauf, daß dieser und kein anderer alle Fäden in der Hand hat – denn Er ist der Herr –, und daß dieser und kein anderer alles zu einem guten Ende führen wird, auch wenn es krumme Wege sind, auf denen er gerade schreibt – denn Er der Gute.

Die vollkommene Freude

Franz büßt und leidet – und feiert zugleich sein Dasein als ein Fest. Wie sich das zusammenreimt, sagte er einst seinem Ordensbruder Leo. Er machte ihm klar, worin die vollkommene Freude besteht. Dieses Gespräch mit Bruder Leo haben uns die »Fioretti« aufbewahrt, jene im italienischen Volk mehr als die Bibel und mehr als die Werke Dantes verbreitete Sammlung von Franziskuslegenden aus dem frühen 14. Jahrhundert. Dort lesen wir:

Einmal zur Winterszeit ging der heilige Franziskus von Perugia nach Sankt Maria von den Engeln. Bei ihm war Bruder Leo, und die beiden froren sehr in der großen Kälte. Bruder Leo ging ein kleines Stück voraus. Da rief ihn Franziskus an und sagte: »O Bruder Leo! Wenn auch die Minderbrüder in aller Welt ein herrliches Beispiel von Heiligkeit, Ehrbarkeit und erbaulichem Wandel geben, so schreibe dennoch, will sagen, merk' es dir wohl: Das ist nicht die vollkommene Freude.«

Und sie gingen eine Zeitlang weiter, da rief er ihn wieder an und sagte: »O Bruder Leo! Und wenn der Minderbruder auch Blinde sehend und Krüppel gerade macht, wenn er Teufel austreibt, wenn er Lahmen den Schritt wiedergibt, Tauben das Gehör und Stummen die Sprache, ja, was noch mehr ist, einen Toten nach vier Tagen auferweckt, so schreibe doch: Das ist nicht die vollkommene Freude.«

Und wieder nach einer Strecke Weges rief er: »O Bruder Leo! Wenn der Minderbruder die Sprachen aller Völker verstände, in aller Wissenschaft, allen Büchern bewandert wäre, ja, wenn er in die Zukunft sehen und prophezeien und in den Herzen der Menschen lesen könnte, so schreibe doch: Das ist nicht die vollkommene Freude.«

Und im Weitergehen rief er abermals: »O Bruder Leo, Schäflein Gottes! Könnte der Minderbruder mit Engelszungen reden und wüßte Bescheid über den Lauf der Gestirne, die Kräfte der Kräu-

ter, die verborgenen Schätze der Erde, über die Eigenschaften der Vögel, der Fische, der Tiere und Menschen, der Wurzeln und Bäume, der Steine und der Gewässer, so merk dir wohl und schreib es auf: Das ist nicht die vollkommene Freude.«

Und nach einer Weile fing er wieder an: »O Bruder Leo! Vermöchte der Minderbruder so herrlich zu predigen, daß er alle Ungläubigen zum Glauben bekehrte, so schreibe doch: Das ist nicht die vollkommene Freude.«

In solchen Gesprächen wanderten sie wohl zwei Meilen fort. Da sagte Bruder Leo, der über all das sich höchlich wunderte. »Mein Vater, nun sage mir in Gottes Namen, worin denn die vollkommene Freude bestehe.«

Da gab ihm der Heilige die Antwort und sprach: »Wenn wir jetzt nach Sankt Maria von den Engeln kommen, vom Regen durchnäßt, steif vor Kälte, voll Schmutz und ausgehungert, und wenn wir dort an der Pforte läuten, und der Pförtner kommt zornig heraus und schreit uns an: ›Wer seid ihr?‹ und wir dann sagen: ›Wir sind zwei von euern Brüdern‹, und er herwieder sagt: ›Ja, zwei Landstreicher seid ihr, ihr streunt in der Welt herum und schnappt den Armen das Almosen weg‹, und er uns nicht aufmacht, uns bei Schnee und Regen, Hunger und Kälte stehen läßt bis in die Nacht hinein, – dann, wenn wir so viel Unbill und Abweisung still und gelassen ertragen und bescheiden und liebevoll uns denken, daß dieser Pförtner recht wohl weiß, wer wir sind, und Gott ihn reizte zu dieser heftigen Sprache gegen uns – dann, Bruder Leo, schreibe: Das ist die vollkommene Freude.

Und wenn wir dann immer weiter klopfen, und der Pförtner kommt heraus, wütend auf so Unverschämte, gibt uns Maulschellen und schimpft: ›Packt euch fort, ihr Lumpen, geht in die Herberge! Für Leute wie euch gibt's hier nichts zu essen‹ – wenn wir auch dies hinnehmen, gelassen, fröhlich, mit Liebe im Herzen, dann, Bruder Leo, schreibe: Das ist die vollkommene Freude. Und wenn wir in all der Pein von Hunger, Kälte und Nacht

noch einmal klopfen und weinen und bitten, um der Liebe
Gottes willen uns doch einzulassen, und er noch empörter
schreit, ›das ist doch schamloses Lumpenpack, ich will ihnen
zahlen, wie sie's verdienen‹, und schließlich mit einem knorri-
gen Prügel wiederkommt, uns an der Kapuze packt, uns zu Bo-
den wirft, in Dreck und Schnee, und grausam verprügelt: Wenn
wir soviel Böses, Unbill und Schläge freudig hinnehmen in dem
Gedanken, daß wir die Peinen Christi, des Benedeiten, dulden
und ertragen sollen: O Bruder Leo, von allen Gaben des Heili-
gen Geistes ist die schönste die, sich selbst zu überwinden und
frei um Christi willen und in der Liebe zu Gott Schimpf und
Schmach zu ertragen.«[30]

ÜBER DIE WIRKUNG SEINES LEBENS

»Leuchtend wie das Frührot und wie der Morgenstern, ja wie
die aufgehende Sonne die Welt mit glühenden Strömen des
Lichts überflutet zu ihrer Fruchtbarkeit, so erschien Franz in
seinem Aufbruch gleich einem neuartigen Licht. ... Es war wie
der Einzug des Frühlings in die Welt.«[31]
So beginnt die zwischen 1241 und 1246 entstandene Drei-
Gefährten-Legende – und so wurde es von seinen Zeitge-
nossen empfunden. Wenn er eine Stadt betrat, freute sich
die Geistlichkeit, läuteten die Glocken, frohlockten die
Männer, und mit ihnen freuten sich die Frauen, die Knaben klatschten fröhlich in die Hände, brachen Zweige von
den Bäumen und zogen ihm singend entgegen. »Er sprach
in einfältiger Rede, aber sein Wort aus der Fülle des Herzens ergriff die Zuhörer. Es war wie brennendes Feuer, das
in die Tiefe des Herzens drang und alle mit innerer Bewunderung erfüllte.«[32]
Seine Wirkung war epochemachend. Zu Tausenden
strömten ihm die Brüder zu. Schwestern, an ihrer Spitze

Clara von Assisi, machten es ihnen gleich. Und eine dritte Gruppe, die der »Weltleute« – zu ihnen sollten einmal der französische König Ludwig IX., Elisabeth von Thüringen, Dante, Kolumbus und Michelangelo gehören –, schloß sich ihnen an und ließ die Botschaft des Armen von Assisi zum Sauerteig werden, der das ganze Abendland durchsäuerte, alle Werte umwertete, eine ganze Gesellschaft von innen her erneuerte. Man glaubte an den Anbruch eines neuen Zeitalters und hielt den Tag der definitiven Wendung der Christenheit zur ganzen Verwirklichung des Reiches Gottes für gekommen. Man sah in Franziskus den Apostel des Friedens und der Liebe, den in der Apokalypse des Johannes vorausgeschauten siebten Engel, der das Geheimnis Gottes vollenden sollte, ja sogar einen zweiten Jesus von Nazareth.

Franziskus sandte auch seine Brüder aus, in aller Welt zu predigen, nicht nur in Umbrien, nicht nur in Italien und nicht nur in Europa. Er wurde so zum ersten Abendländer, der das Evangelium zu außereuropäischen Völkern trug. Doch damit nicht genug. Weil der Herr geboten hatte, der gesamten Schöpfung das Evangelium zu verkünden (vgl. Markus 16,15), predigte er auch den Blumen und den Vögeln und forderte Felsen, Wälder, Wind und Wasser auf, Gott zu lieben und ihm zu gehorchen. So berichtet Thomas von Celano:

Fand er Blüten in ganzen Gruppen beisammen, so konnte er ihnen wohl einen frommen Zuspruch halten und sie... zum Lobe des Herrn ermuntern. So auch die Saatfelder und Weinberge, die Steinschichten der Erde und die Wälder, all die herrlichen Auen, die rieselnden Quellen, die sprossenden Gärten, Erde, Feuer, Luft und Wind – alles mahnte sein kindlich reiner Sinn zur Liebe Gottes und zum Gehorsam in Freude.

Neben der Zelle des Heiligen... saß auf einem Feigenbaum ein Heimchen. ... Der selige Vater... lockte es gütig an sich mit den

Worten: Schwester Grille, komm zu mir!... und er mahnte es:
Schwester Grille, sing jetzt und juble dem Herrn, deinem Schöpfer.[33]
Die Landleute bat er, ihre Tiere zu Weihnachten mit einer
doppelten Futterration zu versorgen. Den Bienen ließ er
zur Winterzeit Honig und besten Wein hinstellen, damit sie
in der kalten Jahreszeit nicht so zu leiden hätten. Und weil
es von Jesus, seinem Herrn, hieß:»Ich bin ein Wurm, kein
Mensch mehr«, pflegte er die Würmer vom Wege aufzule-
sen und in Sicherheit zu bringen, damit sie nicht von Wan-
derern zertreten würden.

Als er den Berg Alverna, auf dem er die Wundmale des
Herrn empfangen hatte, verließ, verabschiedete er sich von
ihm mit den Worten:

> *»Lebe wohl, heiliger Berg! Lebe wohl, Berg Alverna. Lebe wohl,*
> *Berg der Engel! Lebe wohl, mein lieber Bruder Falke: Ich danke*
> *dir für die Liebe, die du mir erwiesen. Lebe wohl, du hoher Gip-*
> *fel, ich werde dich nicht mehr besuchen können. Lebe wohl, du*
> *Fels, der mich in seiner Wölbung umschloß..., wir werden uns*
> *nicht mehr sehen!«*[34]

Ist das alles Schwärmerei? Ausdruck pantheistischer Natur-
verbundenheit? Träumerei eines Poeten? Oder ist es nicht
vielmehr Frucht seiner Gottverbundenheit, die ihn das
Bedrohliche dieser Schöpfung überwinden und etwa, wie
erzählt wird, den grimmigen Wolf von Gubbio furchtlos
ansprechen ließ? Konnte er deshalb die Grenzen zu der
nichtmenschlichen und darum dem Menschen fremden
Schöpfung überschreiten, weil der Fluch, der seit dem
Sündenfall auf der Schöpfung ruht, für ihn aufgehoben
war, so daß ihm schon jetzt die Schöpfung durchsichtig und
als das erkennbar wurde, was sie einmal allen sein soll: Hinweis auf den Vater, der sie geschaffen, und auf den Herrn,
der sie erlöst und zu Brüdern und Schwestern des kom-
menden Äons bestimmt hat?

Papst Honorius III. und... hohe Kirchenfürsten... – so lesen wir in den »Fioretti«[35] - *hatten davon gehört, daß der heilige Franz den Vögeln und Menschen predigte, und sie wußten doch, daß er ein Mann von einfacher Bildungsstufe war. So ließen sie ihn kommen und sagten, sie wollten hören, wie er predige, sintemalen er doch den Mut habe, auch sonst zu predigen. Und sie bezeichneten ihm einen Tag, an dem er ihnen die Predigt halten solle. Da fürchtete ein hoher Herr von bischöflicher Würde* [Kardinal Hugolino], *der ihm befreundet war, der Heilige könne eine Beschämung erleben. Darum ließ er ihn in seine Privatgemächer kommen und setzte ihm den Text einer gut durchdachten und disponierten Predigt auf. Wie nun aber der Heilige an dem bezeichneten Ort erschien, sagte er nicht das auf, was ihm entworfen worden war und was er lange durchgedacht hatte: Er wußte überhaupt nichts mehr davon und schien zu versagen. Aber in seiner Verlegenheit, was nun tun, setzte er sein Vertrauen auf Gott, schlug sein Brevier auf und stieß auf die Stelle:»Den ganzen Tag bedeckt die Scham mein Antlitz«* (Psalm 43,16). *Er übertrug es in die Volkssprache und hielt darüber eine ausgiebige Rede vom Hochmut der Prälaten, von ihrem schlechten Beispiel und was für eine Schmach darin für die ganze Kirche liege: Sie seien ja das Antlitz der Kirche, das in ganzer Schönheit strahlen sollte . . . Und so gut und ausgiebig war die Rede, daß es für jene eine heilsame Beschämung und Erbauung war.*

Was Franziskus selber sagt

In seinem Testament

Niemand hat Gott je gesehen. Und die, die dieses Wort der vier Buchstaben, das es ja nun einmal gibt, lesen oder hören, fragen sich – wenn sie überhaupt noch fragen –, ob es mehr ist als ein Traum, eine Sehnsucht, eine Chiffre für das, was niemand uns entziffern kann.

Und da finden wir dieses Testament und darin das Bekenntnis, daß der, der dieses schreibt, die Stimme des großen Unbekannten vernommen hat. Er nennt ihn seinen Herrn, ja, den Allerhöchsten. Und er sagt von diesem allerhöchsten Herrn, daß dieser und kein anderer – keine Kirche, keine geheiligte Überlieferung, kein Zwang der Mitwelt, nein, dieser eine allein – sein Leben bestimmt und ihn geheißen habe, das zu tun, was er tat, nämlich »ein Narr zu sein in dieser Welt«. So also erfahren wir von dem Gott, der auch unser Gott ist: in dem Zeugnis derer, die ihm begegnet sind und die sich durch niemanden und durch nichts davon abbringen ließen, daß es tatsächlich der Allerhöchste selber war, der sie so, wie Er es für richtig hielt, belehrt, begleitet und geführt hat.

Und so lesen wir in seinem Testament:

»Der Herr verlieh mir, dem Bruder Franziskus, das Leben der Buße so anzufangen. Als ich noch in Sünden war, fand ich es widerwärtig, Aussätzige zu sehen. Da führte mich der Herr selbst unter sie, und ich tat Barmherzigkeit an ihnen. Und wenn ich wegging von ihnen, war das Widerwärtige in Erquickung für Leib und Seele verwandelt. ...

Und der Herr gab mir in den Kirchen einen solchen Glauben, daß ich einfach so betete und sprach: ›Wir beten Dich an, heiligster Herr Jesu Christ, hier und in allen Deinen Kirchen, die in der ganzen Welt sind, und benedeien Dich, weil Du durch Dein heiliges Kreuz die Welt erlöst hast.‹ Dann gab mir der Herr – und er gibt mir immer noch – zu den Priestern, die nach der Norm der heiligen römischen Kirche leben, so großes Vertrauen ihrer Weihe wegen, daß ich, auch wenn sie mich verfolgten, Zuflucht bei ihnen suchen will. ... Und alle Theologen und die Diener am heiligen Wort Gottes sollen wir hochhalten und verehren, weil sie uns Geist und Leben vermitteln.

Ruine einer romanischen Kapelle in der Nähe von Spelle
Vielleicht waren die Kirchen, die Franziskus wieder aufbauen wollte, genauso zerfallen.

Und als der Herr mir Brüder gegeben hatte, da zeigte mir niemand, was ich tun sollte, sondern der Allerhöchste selber offenbarte mir, daß ich nach der Form des heiligen Evangeliums leben solle. Das ließ ich in kurzen, einfachen Worten niederschreiben, und der Herr Papst bestätigte mir's. ...
Diesen Gruß hat der Herr mir offenbart, daß wir sprechen sollen: Der Herr gebe dir den Frieden!...

Wie der Herr mir gegeben, lauter und einfältig die Regel und diese Worte zu sagen und zu schreiben, so lauter und einfältig sollt ihr sie verstehen und in heiligem Leben befolgen bis ans Ende. Und jeder, die diese Worte befolgt, soll im Himmel erfüllt werden mit dem Segen des höchsten Vaters, auf Erden erfüllt werden mit dem Segen seines geliebten Sohnes, in Gemeinschaft mit dem Heiligen Geist, dem Tröster, mit allen Kräften des Himmels und allen Heiligen. Und ich, Bruder Franziskus, der Geringe, euer Diener, bekräftige euch, soviel ich vermag, mit Herz und Hand diesen hochheiligen Segen.«[36]

In seinem Sonnengesang

»Altissimu onnipotente bon signore!« Mit diesen Worten beginnt der Sonnengesang: »Allerhöchster, allmächtiger, guter Herr!« Klingt das nicht wie Hohn und Spott? Ist das nicht geradezu eine Provokation? Natürlich. Auch Augustinus hat gesagt, Gott sei allmächtig und gut, und die Kirche fährt ungerührt fort, in ihren Gebeten Gott als den allmächtigen und barmherzigen anzurufen. Aber spricht nicht alles dagegen? Müssen wir nicht zusehen, wie gerade in unseren Tagen selbst die Theologen sich winden, um das offenbar Unvereinbare nebeneinander bestehen zu lassen? Wie sie sagen, Gott habe einen Teil seiner Allmacht ausgespart, um auf der Erde dem Menschen das Feld zu überlassen. Oder seine Güte sei nur eine Verheißung und werde erst am Ende der Tage offenbar. Und gab es nicht auch zur Zeit des Franziskus die Katharer und Albigenser, die – ähnlich wie es auch heute wieder einige tun – die Lehre der Manichäer zu neuem Leben erweckten, wonach es von Anfang an neben dem Prinzip des Guten auch ein gleichwertiges des Bösen gibt und die Geschichte ein fortwährender Kampf dieser beiden ist?

Doch Franz setzt sich kühn über all diese Zweifel, Bedenken und Anfechtungen hinweg. Was so vielen unvereinbar erscheint, setzt er gleich an den Anfang. Nämlich, daß der Allmächtige gut ist: der, der alles – Himmel und Erde, Geistiges und Stoffliches, eben alles – geschaffen und darum auch alles, was daraus geworden ist, zu verantworten hat! Und daß umgekehrt also der, der gut ist und der es gut mit uns meint, allmächtig ist und von seiner Allmacht Gebrauch macht!

Wer kann das glauben! Franz tut es. Wie einer, der die Augen vor der Wirklichkeit der Dinge verschließt und sich blindlings in die Nacht des Glaubens stürzt? Nein, er tut es als einer, der die ganze Schöpfung zum Zeugen dafür anruft, daß Gott preiswürdig ist, und alle Menschen einlädt, mit ihm Gottes Lob zu singen. Und er tut es als einer, der die Schattenseiten der menschlichen Existenz nicht nur gesehen, sondern selbst durchlebt hat – der weiß, was Krankheit ist, Armut und die Nacht der Ratlosigkeit und Verzweiflung. Und trotzdem! Er sagt uns, nein, er singt uns vor: Gott ist groß. Gott ist allmächtig. Gott ist gut. Ihm gebührt der Lobgesang, der Ruhm, die Ehre und jegliche Benedeiung, ihm allein!

Der Sonnengesang umfaßt außer dem Vorspruch – einem Präludium gewissermaßen – und dem Nachwort – seinem Finale – acht Strophen. Dabei bilden die ersten sechs Strophen eine Einheit. Sie wurden auch ursprünglich zusammen verfaßt. Sie erinnern an den Lobgesang der drei Jünglinge im Feuerofen, so wie er uns im dritten Kapitel des Buches Daniel überliefert ist. Doch sie fordern nicht wie dieser die Schöpfung auf, Gott zu loben, sondern sie wenden sich direkt an den Herrn der Schöpfung und preisen ihn ob der wohlgelungenen Schöpfung.

Wohlgelungen? Für Franz ja. Er nennt nicht nur Sonne, Mond und Sterne und die vier Elemente Wind, Wasser,

Feuer und Erde seine Brüder und Schwestern – weil sie ja mit ihm ihr Geschaffensein teilen und darüber hinaus ihr Berufensein zu ewiger Herrlichkeit, wie wir aus dem achten Kapitel des Römerbriefes wissen. Sondern er übersieht? unterschlägt? oder müssen wir sagen: überwindet? das Bedrohliche der Schöpfung. Nichts davon, daß die Sonne ganze Ernten verdorren lassen und ganze Landstriche in Wüsteneien verwandeln kann, daß das Feuer die Kraft hat, ganze Häuser, ja Städte zu vernichten, daß die Wasser über die Ufer treten und Menschen darin ertrinken können.

Nur Lob und Dank für die Sonne, die so schön ist und so prächtig und die den Tag heraufführt, für Mond und Sterne, die so köstlich leuchten, für Wind, Luft und Wetter, mit dem Gott seine Kreaturen versorgt, für das Wasser, das so rein und nützlich ist, für das Feuer, das die Nacht erleuchtet und so munter und kräftig ist, für die Erde, die uns Mutter ist, weil sie für uns Früchte, Blumen und Gras wachsen läßt. Da fragt man sich erneut: Ist Franz denn blind? Oder gilt für ihn das Bibelwort, wonach dem Reinen alles rein ist? Oder hat er das alles nur geträumt? Und uns gesagt, wie *er* die Schöpfung gerne sähe? Oder hat er einen Blick in die Zukunft getan und die Schöpfung im Zustand der Vollendung geschaut? Oder hat er einfach hinter dem, was nur äußerer Schein ist, das Wesen der Dinge erkannt? Die Dinge so gesehen, wie Gott sie gemeint hat? Und wie sie für ihn, den gotterfüllten Heiligen, auch tatsächlich sind?

Die siebte Strophe dichtete Franz hinzu, als er von dem Streit zwischen dem Bischof und dem Bürgermeister von Assisi erfuhr. Da schickte er zwei Brüder zu ihnen und ließ ihnen den um diese Strophe erweiterten Sonnengesang vorsingen. Da ließen sich die Streitenden versöhnen. Bei dieser Strophe will uns einleuchten, daß Franz den Herrn preist um deretwillen, die den Frieden lieben und einander verzeihen. So lesen wir ja auch bei Matthäus, daß Jesus die selig preist, die Frieden stiften. Aber weniger einleuchten will uns auf den ersten Blick, daß Franz hier an der einzigen Stelle, wo er in seinem Sonnengesang Gott um des Menschen willen preist, ihn nicht etwa für jene preist, denen er Gesundheit verliehen hat, Wohlergehen, Erfolg im Beruf und Glück in Ehe und Familie, sondern für jene, deretwegen wir viel eher geneigt sind, Gott anzuklagen und ihm bittere Vorwürfe zu machen, für jene nämlich, die Krankheit tragen und Trübsal. Allein, Franz ist auch hier ein zweiter Jesus von Nazaret, der die selig preist, die arm sind, die Hunger leiden, die weinen.

Warum diese verkehrte Ordung? Weil diese Welt nicht alles ist – so ist man versucht, zaghaft zu antworten –, und weil Gott nur die beschenken kann, die mit ihr nicht zufrieden sind und die ihm Hände entgegenstrecken, die leer sind. Darum fügt Jesus seiner Seligpreisung der Armen und Hungernden und Weinenden hinzu – bei Lukas steht es im fünften Kapitel: Wehe euch, die ihr reich seid, wehe euch, die ihr jetzt satt seid, wehe euch, die ihr jetzt lacht, ihr verschließt euch ja vor dem letzten, dem endgültigen, dem alles bisherige überbordenden Trost!

Noch eine letzte Strophe dichtete Franz, als ihn die Ärzte wissen ließen, daß seine Sterbestunde gekommen sei. Da begrüßt er den Tod als seinen Bruder, jenen Tod, den Paulus als den letzten Feind bezeichnet und in dem die Bibel in ihren ersten Kapiteln ein Zeichen dafür sieht, daß auf dieser Erde ein unheimlicher Fluch lastet. Aber seit Jesus den Tod erlitten hat, ist – jedenfalls für Franz und die, denen es gelingt, zu denken wie er – auch dieser Fluch in Segen verwandelt.

Franz beschließt den Sonnengesang, indem er sich nicht mehr an Gott selbst wendet, sondern an alle Menschen. Und er fordert sie auf, Gott zu danken. Wer soll danken?

Alle, die den Sonnengesang hören oder ihn lesen? Auch wir armen und gebeutelten Kinder dieses zwanzigsten Jahrhunderts? Das so viele Verbrechen, Zerstörungen, Verelendungen gesehen hat wie kein Jahrhundert zuvor? Das viele von uns – ähnlich wie einst der Prophet Jeremia – den Tag verfluchen läßt, an dem wir, ohne daß man uns gefragt hätte, geboren wurden, und die beneiden läßt, denen zu leben erspart geblieben ist?

Franz meint auch diese. Denn er lebt in einer anderen Welt. Und er meint, glaubt, verkündet uns, das sei die eigentliche. Und das sei auch die Welt Jesu. Und er lädt uns ein, ihm das abzunehmen und wenigstens für eine Weile allen Hader und alle Enttäuschungen und alle Zweifel zu vergessen und einzutauchen in seine Welt, die, weil sie die eigentliche Welt Gottes ist, so schön ist und so prächtig – wie ein Traum...

Und so lautet der Sonnengesang in deutscher Übersetzung[37]:

>*»1*
>*Erhabener!*
>*Allmächtiger!*
>*Guter Herr!*
>*Dein ist der Lobgesang, Dein der Ruhm,*
>*Die Ehre und jegliche Benedeiung.*
>*Erhabener!*
>*Dir allein sie gebühren:*
>*Ob keiner der Menschen auch würdig,*
>*Dich zu nennen.*
>
>*2*
>*Lobpriesen sei, mein Herr,*
>*Mit allen Deinen Kreaturen –*
>*Ihr voran, der herrlichen Schwester, der Sonne:*

Sie führt den Tag herauf,
Und du schenkest uns alle Zier erhellt von ihr.
Und schön ist sie,
Schön und prächtig in mächtigem Glanze
Bedeutet sie, Herrlicher, Dich.

3
Lobpriesen sei, mein Herr,
Für Bruder Mond
Und für die Sterne.
Am Himmel hast du sie geformt,
Und schön und köstlich sie leuchten von ferne.

4
Lobpriesen sei, mein Herr,
Für Bruder Wind
Und für Luft und Gewölk und heitres und jegliches Wetter,
Mit dem Du sie alle versorgest,
Die Deine Kreaturen sind.

5
Lobpriesen sei, mein Herr,
Für Bruder Wasser,
Das nützlich sehr
Und gering
Und köstlich
Und keusch.

6
Lobpriesen sei, mein Herr,
Für Bruder Feuer,
Mit dem du erleuchtest die Nacht,
Und schön ist er, schön und munter,
Und kräftig ist er und gewaltig.

7

Lobpriesen sei, mein Herr,
Für unsere Schwester Mutter Erde,
Die uns ernährt und bewaltet
Und zeitigt Früchte vielerlei –
Und farbige Blumen und Gras.

8

Lobpriesen sei, mein Herr,
Für jene, die verzeihen, weil Du die Liebe bist,
Und tragen Krankheit und Trübsal.
Ja, selig sind, die ausharren in Frieden:
Von Dir, Erhabener, wird ihrer sein die Krone.

9

Lobpriesen sei, mein Herr,
Für unseren Bruder Tod des Leibes,
Dem keiner der Lebenden kann entrinnen.
Wehe jenen, so in der tödlichen Sünde sterben.
Selig, die da stehen in Deinem heiligen Willen:
Nimmer wird der andere Tod sie verderben.

10

Lobpreiset, benedeiet meinen Herrn!
Und danket ihm und erstattet
Und dienet ihm armen Sinnes unermattet«

IN SEINEM LETZTEN GEBET

Als seine letzte Stunde gekommen war und der Sonnengesang, den er seine Brüder zu singen geheißen hatte, verklungen war, betet Franz, nein, singt er mit lauter Stimme den 142. Psalm. Darin schüttet er, den so viele als den

»Bruder Immerfroh« mißverstehen, seinen Kummer, seine Angst, sein Alleingelassensein vor Gott aus, der seine einzige Zuflucht geblieben ist. Aber als letztes baut er darauf, diese Welt, die ihm wie ein Kerker erscheint, zu verlassen und in das Reich der Seligen aufgenommen zu werden, nicht weil er Gottes Gebote befolgt und Verdienste aufgehäuft hätte, sondern einzig und allein, weil Gott der Gute ist und trotz allem und in allem – auch in den Stunden, Tagen, Wochen des Kummers, der Angst und des Alleingelassenseins – sich als der Gute erwiesen hat.

In deutscher Übersetzung[38] lauten Franziskus' letzte Worte:

»Laut schreie ich zum Herrn, laut flehe ich zum Herrn.
Meinen Kummer schütte ich vor ihm aus,
meine Angst breite ich vor ihn hin.
Mein Leben verengt sich, Du kennst meinen Weg.

Auf dem Weg, den ich wandle, haben sie eine Schlinge versteckt.
Ich schaue nach rechts und spähe:
da ist keiner, der sich um mich kümmert;
zu keinem kann ich fliehen, keiner wird für mich einstehn.

Ich schreie zu Dir, Herr; ich sage: Du bist meine Zuflucht,
mein Teil im Land der Lebendigen.
Hör auf mein Schreien, es geht mir sehr schlecht.
Rette mich vor meinen Verfolgern, sie sind stärker als ich.

Aus diesem Kerkerloch führ mich heraus,
damit ich Dich loben kann.
Alle Gerechten werden mich in ihre Mitte nehmen,
weil Du mit mir gut warst.«

Clara von Assisi

Clara von Assisi
Ausschnitt aus einem Gemälde von Giotto (1266–1337)
in der Kirche S. Croce, Florenz.

Clara und Assisi

Assisi ist ganz gewiß die Stadt des heiligen Franziskus. Assisi ist aber nicht minder auch die Stadt der heiligen Clara. Hier wurde sie geboren. Hier lebte sie. Hier ist sie gestorben. Aber vor allem: Sie lebte, wirkte und betete für Assisi – und Assisi fühlte und fühlt sich ihr zu Dank verpflichtet. Eine Stadtverfassung aus dem 13. Jahrhundert bringt es zum Ausdruck. Sie beginnt mit den Worten: »Zur Ehre, zum Lob und zum Preis Gottes, der seligsten Maria von den Engeln, seiner Mutter, der seligen Rufinus, Victorinus, Franziskus *und der Jungfrau Klara . . .*«[1] Zum Ausdruck bringt es erst recht die »festa del voto«, das Gelöbnisfest. Dieses ist Anlaß für eine feierliche Prozession durch die Straßen der Stadt, und zwar alljährlich am 22. Juni. Denn an einem 22. Juni – es war im Jahre 1241 – wurde die Stadt Assisi von den übermächtigen Truppen Kaiser Friedrichs II. belagert. Doch statt die Stadt zu erobern, zogen sie kampflos ab. Die Bürger der Stadt waren überzeugt, dies nur den Gebeten Claras und ihrer Mitschwestern zu verdanken. Denn schon einmal – im September 1240 – hatte sich ihr Gebet als stärker erwiesen als kriegerische Gewalt. Damals hatten sarazenische Trupppen, die im Solde des Kaisers standen, Claras Klösterchen überfallen und ausrauben wollen. Clara und ihre Schwestern beteten. Und wie durch ein Wunder suchten die Sarazenen das Weite. Das alles ist im Gedächtnis der Bürger von Assisi haften geblieben. Für sie war und blieb Clara die Helferin, die Beterin, ja die Wundertäterin. Als solche verehrten sie sie und fühlten sie sich ihr zu Dank verpflichtet – sie, alle Bürger der Stadt, nicht einzelne Gruppen, auch nicht nur der Klerus oder kirchliche Vereinigungen, nein, alle.

An der jährlichen Dankprozession nimmt darum auch nicht nur der Bischof mit dem gesamten Domkapitel teil, sondern auch der Bürgermeister mit der Stadtregierung. Die Prozession beginnt an der Bischofskirche *San Rufino* und damit praktisch an der Stelle, an der Clara 1194 geboren wurde. Denn ihr Elternhaus – eine prächtige Burg und kein simples Haus – hatte in unmittelbarer Nachbarschaft des Domes gelegen. Der Dom wurde auf diese Weise Claras zweites Zuhause: Ort ihrer Taufe, Ort ihrer Gottesdienstbesuche, Ort, an dem sie Franziskus predigen hörte. Von San Rufino aus zieht die Prozession zunächst zur *Piazza del Comune*. Dort schließt sich ihr der Bürgermeister an, zusammen mit den Mitgliedern der Stadtverwaltung. Doch zuvor verliest er eine Erklärung, in der er Clara dankt. Weiter geht es zum Grab der heiligen Clara. Dieses befindet sich nicht in San Damiano, obwohl sie dort 41 Jahre gelebt hat und auch dort gestorben ist. Doch die Stadtväter haben damals diesen außerhalb der Stadtmauern gelegenen Ort für gefährdet gehalten. Wer sollte dort den Leichnam der Heiligen vor Dieben schützen? Und zudem: Eine solch kostbare und womöglich wundertätige Reliquie wollte man innerhalb der Stadtmauern wissen. Unter bewaffnetem Geleit wurde Claras Leichnam daher in die Stadt überführt und dort in der Kirche *San Giorgio* beigesetzt – eben dort, wo auch der Leichnam des heiligen Franziskus geruht hatte, bevor er in die neu errichtete Basilika San Francesco überführt wurde. Auch für Clara blieb San Giorgio nicht die letzte Ruhestätte. Ihre Schwestern wollten nicht in San Damiano bleiben, sondern dorthin, wo ihre Mutter ruhte. Das machte Verhandlungen, Bauarbeiten und andere Veränderungen notwendig. Das Ergebnis: Wo früher San Giorgio stand, wurde – San Giorgio in sich aufnehmend – bereits wenige Jahre nach Claras Tod die Kirche *Santa Chiara* gebaut, verbunden mit einem Kloster für die Schwestern. Claras Leichnam übertrug man schon 1260 dorthin – sieben Jahre nach ihrem Tod, fünf Jahre nach ihrer Heiligsprechung und nur drei Jahre nach Beginn der Bauarbeiten. Dort ruht sie noch heute, und ebenso befindet sich dort das Kloster der Schwestern, die ihren Namen tragen, das der Klarissen.

In der Grabeskirche stellt ein Tafelbild – gemalt von einem unbekannten Meister etwa dreißig Jahre nach ihrem Tod – Clara selbst dar sowie rechts und links von ihr je vier Szenen aus ihrem Leben. Die Bilder auf der *linken* Seite zeigen (von unten nach oben):

(1) Der Bischof reicht Clara am Palmsonntagmorgen – dem Tag vor ihrer Flucht aus dem Elternhaus – einen Palmzweig.
(2) Clara trifft sich mit Franziskus.
(3) Franziskus nimmt Clara in seine Gemeinschaft auf.
(4) Claras Verwandte wollen sie mit Gewalt wieder nach Hause bringen.

Die Bilder auf der *rechten* Seite (von oben nach unten) zeigen:

(5) Claras leibliche Schwester Agnes hat sich ihr angeschlossen. Auch sie widersteht den Verwandten, die sie zurückholen wollen.
(6) Clara speist wie durch ein Wunder mit einem halben Laib Brot alle ihre Schwestern.
(7) Clara auf dem Sterbebett, wo ihr Maria erscheint.
(8) Papst, Kardinäle und Bischöfe kommen zu Claras Begräbnis.

Hierhin, nach Santa Chiara, begibt sich also die jährliche Dankprozession zu Ehren der heiligen Clara. Die Schwe-

Ansicht von Assisi mit der Kirche S. Chiara
In dieser Kirche wurde die heilige Clara 1260 beigesetzt.

stern verlesen eine Botschaft, und an Claras Grab werden Blumen niedergelegt. Anschließend zieht man weiter nach *San Damiano.* Dort finden die Erinnerungsfeiern ihren Abschluß. Denn an diesem Ort wurde Clara zur Retterin der Stadt. »Viel Gutes haben wir von dieser Stadt erhalten, und darum müssen wir beten, daß Gott sie beschütze.« 2 So hatte Clara an jenem 22. Juni 1241 zu ihren Schwestern gesagt.

Clara und Franziskus

Sie hörte von ihm: dem Sohn des reichen Tuchhändlers, der jetzt als Bettler durch Assisi lief; von der Szene mit dem Vater, dem er mit dem Geld auch seine Kleider vor die Füße warf; von seinen Predigten – gehalten von einem, der kein Priester war, und die doch zündeten wie loderndes Feuer. Und er hörte von ihr: der Tochter aus vornehmem, adeligem Hause, die ein Leben der Buße führte, viel betete, die Armen unterstützte, wo sie nur konnte – auch die Armen, die mit Franz die Kirche von Portiuncula instandzusetzen suchten.

Sie mochte 16 oder 17 Jahre alt gewesen sein, er an die 30. Da trafen sie sich zum ersten Mal. Er besuchte sie oft, sie ihn noch öfter – überliefert Thomas von Celano, ihr offizieller, vom Papst beauftragter Biograph[3] – und das wohl zwei Jahre lang. Sie schmiedeten Pläne. Sie faßten einen Entschluß. Dem Entschluß folgte die Tat: Clara flieht aus dem Elternhaus. Es ist die Nacht nach dem Palmsonntag des Jahres 1212. Sie eilt zu der Kirche *Santa Maria degli Angeli* in Portiuncula. Franziskus und seine Brüder erwarten sie. Franziskus tut, was sonst nur ein Bischof tut: Er schneidet Clara das Kopfhaar ab. Clara gelobt ihm Gehor-

Clara läßt sich von Franziskus die Haare abschneiden
Ausschnitt aus einem Tafelbild des »Maestro di Santa Chiara« (1283),
Querschiff der Kirche S. Chiara, Assisi.

Clara von Assisi

sam. Damit ist die Jungfrauenweihe vollzogen. Beider Ziel ist erreicht: Franz hat nicht nur Brüder. Er hat jetzt auch eine Schwester. Diese findet vorerst Aufnahme in dem wenige Kilometer entfernt gelegenen Benediktinerinnenkloster *S. Paolo delle Abbadesse* – aber nicht als Chorschwester, besaß sie doch keine Mitgift. Ihr Erbteil hatte sie veräußert und den Erlös den Armen gegeben.

Clara blieb nicht lange bei den Benediktinerinnen. Deren Kloster war reich, der Lebenunterhalt der Schwestern garantiert. Und genau das wollte Clara nicht. Sie begab sich – begleitet von Franz und zweien seiner Brüder – zur Kirche *Sant' Angelo di Panzo*, nahe Assisi am Hang des *Monte Subasio* gelegen. Dort entstand eine Gemeinschaft von Bußschwestern, eine von jenen zahlreichen Gruppen von Frauen, die überall im mittelalterlichen Europa nach neuen Formen religiösen Lebens suchten. Doch auch das will sie nicht. Sie will sein, was Franziskus ist. Und das findet sie kurz darauf in *San Damiano*.

Franz hatte schon damals, als er diese Kirche wiederherstellte, davon geträumt, daß hier einmal Schwestern einziehen würden. Jetzt war es soweit. Denn Clara fand Schwestern, ihre leibliche Schwester Agnes war schon in Sant' Angelo zu ihr gestoßen, andere folgten: Verwandte, Bekannte, Unbekannte. Schließlich waren es fünfzig, die Claras Leben und Claras Lebensweise teilen wollten. Dafür war San Damiano jedoch nicht gerüstet. Es gab ja nur das Kirchlein und eine Wohnung für den Priester, der sie betreute. So mußte gebaut werden: ein Schlafsaal, ein Krankensaal, ein Speisesaal, auch einige Hütten für die Brüder, denen die Sorge für das geistliche und leibliche Wohl der Schwestern anvertraut war.

Franz gibt der neu entstehenden Schwesterngemeinschaft eine Art Hausordnung, eine »Lebensform« (forma vitae). Er will, daß Clara sich Äbtissin nennt. Er veranlaßt sie, von übertriebenen Formen der Abtötung Abstand zu nehmen, sich zumindest einen Strohsack zum Schlafen zu gönnen und jeden Tag etwas zu essen. Weiß er doch, daß extremem Bußeifer nur zu leicht die falsche Vorstellung zugrunde liegt, man könne den Weg zu Gott – aus eigenem Vermögen – selbst erklimmen. Worauf es aber ankommt und was man lernen soll, ist: sich Gott anheimzugeben, ihm zu vertrauen, ihn den Weg bestimmen zu lassen. Ganz konkret: Man soll das Leiden annehmen, wenn Gott es schickt – und nicht willentlich seine Gesundheit ruinieren und so das Leiden selbst herbeiführen.

Es gab im 13. Jahrhundert nicht wenige derartige extreme Ansichten. Sie basierten auf der dualistischen Vorstellung von einer von Anfang an bösen Materie. Oder auf der Idee, man müsse sich selbst erlösen, oder – noch schlimmer – Gott habe Gefallen daran, daß man sich selber Leid zufügt und somit ein Opfer darbringt. Solche und ähnliche Ansichten geisterten auch in Italien herum – wer weiß, womöglich auch bei den Frauen der Buße in Sant Angelo. Franz bewahrte Clara davor, ihr Opfer zu werden. Und von ihm nahm Clara Belehrungen an. Von ihm ließ sie sich auch neue Schwestern für ihre Gemeinschaft schicken. Doch sie nahm sie nicht unbesehen. Es kam vor, daß sie eine Anwärterin wieder nach Hause schickte. Sie erkannte sogleich, wer geeignet war und wer nicht.

Franz schickte auch Brüder zu Clara, die krank waren an Leib oder Seele. Sie ließen sich von Clara trösten und wieder aufrichten. Sie faßten – dank Clara – neuen Lebensmut und Vertrauen. Auch Franz selbst begab sich zu Clara, als er sterbenskrank war. Volle fünfzig Tage verbrachte er in ihrer Nähe, und am Ende dichtete er den Sonnengesang, der bald in aller Munde war, und obendrein ein Dank- und Loblied für die Schwestern von San Damiano. Nicht anders waren die Gefühle, die Clara für den hegte, der sie auf den

Weg der Nachfolge Christi geführt hatte. Er »war unsere Säule, nächst Gott unser einziger Trost und unsere Stütze«[4]. So wird sie in ihrem Testament bekennen.

Viel ist über Clara und Franziskus erzählt und geschrieben, ja sogar gesungen worden. Hier sei ein umbrisches Lied wiedergegeben, das Anton Rotzetter aufgespürt und nachgedichtet hat.[5]

> »Weinend sagte Franziskus eines Tages zum Herrn:
> Ich liebe die Sonne und die Sterne
> Ich liebe Klara und ihre Schwestern
> Ich liebe das Herz der Menschen
> und alle schönen Dinge
> Herr
> Du mußt mir verzeihen
> Denn nur dich sollte ich lieben
>
> Lächelnd antwortete der Herr:
> Ich liebe die Sonne und die Sterne
> Ich liebe Klara und ihre Schwestern
> Ich liebe das Herz der Menschen
> und alle schönen Dinge
> Mein Franziskus
> Du mußt nicht weinen
> Denn das alles liebe ich auch.«

Und Clara selbst?

Clara war nicht das Produkt ihrer Umgebung und auch nicht nur gelehrige Schülerin und willige Vollstreckerin des Willens von Franziskus. Sie lebte vielmehr zu jeder Zeit

und in allem, was sie tat, niemand anderen als sich selbst:
Clara Favarone.

Sie zeigt ihre *Selbständigkeit* gegenüber ihrem Elternhaus, gegenüber dem Versuch der Vereinnahmung durch
die institutionelle Kirche und gegenüber den Forderungen einer Männergesellschaft. Sie tut und kann es aufgrund ihrer *Selbstlosigkeit* im Dienste der Menschen und in
der Hingabe an Gott.

Ihre Selbständigkeit

Gegenüber ihrem Elternhaus

Clara war Tochter einer vornehmen, adeligen Familie. Was
die Familie mit ihr vorhatte, unterlag keinem Zweifel: Sie
sollte mit einem ebenso vornehmen und adeligen Mann
verheiratet werden. Von ihr wurde verlangt, daß sie
schweigsam, bescheiden und folgsam sei – folgsam vor allem auch in diesem Punkt. Als sie siebzehn Jahre alt war,
wollten die Eltern sie mit einem reichen Aristokraten verheiraten. Clara lehnte ab. Zum Erstaunen, ja Entsetzen der
Eltern blieb sie hartnäckig. Auch einen anderen Kandidaten wies sie ab. Sie wollte überhaupt nicht heiraten. Was
war geschehen?

Clara hatte für sich eine Alternative zu der ihr zugedachten Rolle entdeckt. Eine Alternative zum »Normalfall«
war bereits ihre Mutter Hortulana. »Obwohl sie in der Ehe
lebte« – so berichtet wörtlich Thomas von Celano[6] –, war
sie fromm, »fromm« nicht nur in der üblichen Weise. Sie
begab sich sogar auf Wallfahrten: nach Santiago de Compostela, nach Rom und Jerusalem – und das als Frau! So eroberte sie sich ein Stück Freiheit. Später ist sie dann – ge-

gen den erbitterten Widerstand der Familie – in das von Clara gegründete und geleitete Kloster eingetreten.

Eine andere Alternative zum gesellschaftlichen »Normalfall« Ehe waren die Frauengruppen, die überall in Europa auftauchten, um ein Leben des Gebetes, der Buße und der Armenfürsorge zu führen, zum Teil aber auch, um – gegen den Willen der Bischöfe – das Abendmahl zu feiern und die Sakramente zu spenden. Sie lebten zumeist ohne feste Regel. Die gute Absicht war es, die sie zusammenführte und zusammenhielt.

Clara versuchte ihrerseits, in der sie umgebenden Welt des Reichtums und der feinen Lebensart eine Gegenwelt aufzubauen. Auch sie wollte Pönitentin sein, wie die anderen Frauen der Buße: Sie betet, fastet, gibt Almosen.

Da hört sie von Franziskus. Er gibt nicht nur den Armen Almosen. Er ist selber arm geworden – ein Bettler unter Bettlern. Das will Clara auch: ein alternatives Leben führen wie Franziskus. Sie selbst ergreift die Initiative. »*Ihr* kam das Verlangen, Franz zu hören und zu sehen«[7], schreibt Thomas von Celano. Und Clara selbst wird in ihrem Testament bekennen: *Freiwillig* gelobte ich Franziskus Gehorsam.

Sie riskiert die Flucht, läßt sich die Haare abschneiden, verschwindet in einer Benediktinerinnenabtei als Dienstmagd. Für die Familie ein Skandal. Zuerst mit verführerischen Versprechungen und dann mit roher Gewalt will man sie zurückholen. Sie setzt sich zur Wehr. Sie hält sich am Altartuch fest. So genießt sie das Asylrecht; denn die, die sie vom Altar wegreißen wollten, würden dem Kirchenbann verfallen. Sie zeigt sogar ihren kahlgeschorenen Kopf. Die Verwandten sind entsetzt. Unverrichteter Dinge ziehen sie wieder ab, wütend und beschämt. Clara hat gesiegt.

Assisi
Die reizvolle Landschaft Umbriens

Die Kirche ist auf dem Fundament der Propheten und Apostel aufgebaut. So lehrt es das Neue Testament. Was daraus geworden ist, zeigt die Kirchengeschichte: Amt und Charisma, Institution und geistgewirktes Leben, Kirche als »société« auf der einen und als »communauté« auf der anderen Seite. So beschrieb sie der zuerst verfemte, dann rehabilitierte und zum Kardinal erhobene französische Konzilstheologe Yves Congar. Dabei darf das Amt, die Institution, die Kirche als *société* nicht Selbstzweck sein. Das Amt, die kirchlichen Strukturen stehen vielmehr im Dienste des Lebens, im Dienste der Kirche als *communauté.*

Das wird nicht nur heute leicht vergessen. Das wurde von Anfang an allzu leicht übersehen und mißachtet. Nicht umsonst mahnte Paulus die Korinther: »Löscht den Geist nicht aus!« (1 Thessalonicher 5,19). Von Anfang an – wie dieses Pauluswort bestätigt – gab es die Spannung zwischen beiden. Im Grunde ist dies eine Spannung, die jede Religionsgemeinschaft auszuhalten hat. Eklatantestes Opfer einer solchen Spannung war Jesus von Nazaret: »Wir haben ein Gesetz, und nach diesem Gesetz muß er sterben.« Die, die so urteilten, kannten nur den Buchstaben, der tötet. Sie verkannten den Geist, der lebendig macht.

Opfer dieser offenbar unausweichlichen Spannungen wurde auch Clara. Ihr gegenüber versuchten die Vertreter der Institution, das Neue, Übermächtige, vieles Altgewohnte in Frage Stellende, das Clara vertrat, zu zähmen, wieder zurückzuschrauben, kurz: in geordnete Bahnen zu lenken. Doch Clara gab nicht nach. Sie wußte sich im Recht. Ihrer Gesinnungsgenossin, der 1989 heiliggesprochenen Agnes von Prag, schrieb sie[8]:

> *»Woran du festhältst, das halte fest*
> *Was du tust, das tue und werde nicht müde. . . .*

Glaub keinem, stimm keinem zu,
wenn er dich von deinem Vorhaben zurückrufen wollte . . . .
Wenn dir aber jemand etwas anderes sagt,
dir etwas anderes eingibt . . .
selbst wenn du ihn zu ehren verpflichtet wärest,
folge seinem Rat nicht . . . «

Der, dessen Rat Agnes nicht folgen sollte, war kein Geringerer als der Papst in Rom. Das schrieb eine Heilige einer Heiligen!

Konkret entzündete sich die Auseinandersetzung Claras mit der »Amtskirche« an den Fragen der *Armut*, der *Klausur* und der *Verbundenheit der Schwestern des heiligen Franziskus mit den Minderbrüdern.*

Was Clara wollte, war die radikale *Armut*: kein Besitz, keine Vorsorge für die Zukunft, keine Absicherung irgendwelcher Art. Diese Armut und Ungesichertheit wollte sie für sich selbst, für jede einzelne ihrer Schwestern und für ihre Schwesterngemeinschaft insgesamt: Auch sie sollte nichts haben, was sie ihr eigen nennen, worauf sie bauen, worauf sie sich verlassen könnte.

»Wenn jemand auf Gottes Eingebung hin zu uns kommt und dieses Leben annehmen will, . . . möge man ihr das Wort des heiligen Evangeliums sagen, daß sie hingehe, all ihr Eigentum verkaufe und es unter die Armen zu verteilen suche.«9

So hatte sie einst begonnen: ohne einen Pfennig in der Tasche, ohne rechtliche Absicherung, ohne einen Grundherrn oder einen kirchlichen Beschützer, der ihr eine Zukunft garantierte. San Damiano war eine Gründung radikalen Vertrauens. Gewiß: Ihre Schwestern und sie selbst arbeiteten. Aber sie taten es nicht, um Geld zu verdienen und so den Lebensunterhalt für alle sicherzustellen. Noch nicht einmal diese Sicherheit hatten sie! Sie arbeiteten vielmehr – und das war das Paradoxe ihrer Arbeit –, um Geschenke machen zu können. Und sie lebten von den Geschenken, die sie erhielten – den freiwillig gegebenen und den zur Not erbettelten.

Weshalb dieses Verlangen nach Armsein? Zunächst wegen der Mahnungen und Verheißungen des Evangeliums. Clara nahm sie ernst, so wie sie sie geschrieben fand:

> *»Willst du vollkommen sein, so verkaufe alles, was du hast, und gib es den Armen. Dann komm und folge mir nach«* (Mt 19,21).

> *»Steckt nicht Gold, Silber und Kupfermünzen in euren Gürtel. Nehmt keine Vorratstasche mit auf den Weg, kein zweites Hemd, keine Schuhe, keinen Wanderstab«* (Mt 10,9 f).

> *»Macht euch keine Sorgen und fragt nicht: Was sollen wir essen, was sollen wir trinken? Was sollen wir anziehen?«* (Mt 6,31).

Und so lauteten die Verheißungen:

> *»Euer himmlischer Vater weiß, daß ihr das alles braucht«* (Mt 6,32).

> *»Verkauf deinen Besitz und gib das Geld den Armen; so wirst du einen bleibenden Schatz im Himmel haben«* (Mt 19,21).

> *»Jeder, der um meines Namens willen Häuser oder... Äcker verlassen hat, wird dafür... das ewige Leben gewinnen«* (Mt 19,29).

> *»Selig die Armen, denn ihrer ist das Himmelreich«* (Mt 5,3).

Sodann wegen des Vorbildes Jesu von Nazaret selbst. Um unseretwillen hat er sich arm gemacht. In Armut wurde er geboren – in einem Stall, nicht einmal in einer Herberge. Arm lebte er in der Welt: *»Die Füchse haben ihre Höhlen, die Vögel ihre Nester. Der Menschensohn aber hat nichts, wohin er sein*

Haupt legen könnte« (Mt 8,20). So sagt er von sich selbst. Arm, ja nackt ist er gestorben.

Schließlich wegen des Vorbildes ihres geistlichen Vaters Franziskus. Dieser schrieb in seinem Testament:

> *»Die dann kamen, um unser Leben mit uns zu teilen, gaben alles, was sie besaßen, den Armen; sie waren zufrieden mit einem Habit, der außen und innen geflickt war, sowie mit einem Strick und Beinkleidern; und mehr wollten wir nicht haben.«*[10]

Clara hatte die Vernunft, die Autorität der Kirche und das Gewicht einer mehr als tausendjährigen Tradition gegen sich. Diese sagten übereinstimmend: Man muß sich absichern, man ist für seine Mitschwestern verantwortlich, man braucht ein geregeltes Einkommen, man darf anderen nicht zur Last fallen, man muß das Evangelium geistig verstehen: Selig die Armen »im Geiste« schrieb schon Matthäus (Mt 5,3) im Gegensatz zu Lukas (Lk 6,20); auch die Urkirche gestattete gemeinsames Eigentum: Sie hatten alles gemeinsam, heißt es in der Apostelgeschichte (Apg 4,32), was bedeutet: Sie hatten gemeinsam Besitz; zwar gemeinsam, aber Besitz; auch Jesus und die Apostel verfügten über eine gemeinsame Kasse, die von Judas verwaltet wurde.

Ein Zusammenstoß war unausweichlich, als Clara die päpstliche Genehmigung für ihre Lebensweise einholen wollte. Genauso hatte es ja auch Franziskus getan. Zwar konnte er von sich sagen:

> *»Der Allerhöchste selbst offenbarte mir, daß ich nach der Form des heiligen Evangeliums leben solle.«* Trotzdem fügte er (in seinem Testament) hinzu: *»Ich ließ es in wenigen, einfachen Worten niederschreiben, und der Papst bestätigte es mir.«*[11]

Franz war dazu nach Rom gegangen. Clara ging nach Perugia, wo der Papst – es war Innozenz III. – gerade weilte. Sie erbat sich das Privileg, ohne Privilegien – das heißt ohne irgendwelche Absicherungen – zu leben. Während

Franziskus nur die mündliche Zusicherung erhielt, nach dem Evangelium leben zu dürfen, erhielt Clara – diese junge Frau, die ihre Gelübde vor einem Laien, Franziskus nämlich, abgelegt hatte – von der höchsten kirchlichen Autorität das Erbetene schriftlich, und das mit der Bemerkung, »ihr Vorhaben stehe einzig da; noch niemals [!] sei ein solches Privileg vom Apostolischen Stuhl erbeten worden«. Clara schaffte es. »Um der außergewöhnlichen Bitte mit außergewöhnlicher Huld entgegenzukommen, schrieb der Papst eigenhändig mit großer Freude den ersten Entwurf zu dem erbetenen Privileg.«[12] So lesen wir bei Thomas von Celano. Und wörtlich heißt es in der päpstlichen Bestätigung:

> »Wie ihr also gebeten habt, so bekräftigen Wir das Vorhaben allerhöchster Armut mit apostolischer Gunst, indem Wir euch durch die Autorität gegenwärtigen Schreibens zugestehen, daß ihr von niemand gezwungen werden könnt, Besitzungen anzunehmen.«[13]

Clara ist glücklich, nicht aber Gregor IX., der Nachfolger Innozenz' III. Er glaubt bei einem Besuch in Assisi und San Damiano, Clara von diesem Zugeständnis befreien zu müssen. Er hält – nach allen Regeln der Vernunft – ein Leben ohne gesicherte Einnahmen auf Dauer nicht für möglich. Sehr schön schildert das die Legende:

> »Der ehrwürdige Herr Papst Gregor . . . liebte Sanct Clara mit väterlicher Zuneigung innig. Redete ihr zu, sie mög doch für Zeiten der Not und Gefahr etwas weltlichen Besitz behalten. Er würd ihn ihr gern zugestehen. Doch Clara widerstand starken Herzens und war hierzu nicht im geringsten bereit. Da erwiderte ihr der Papst: »Fürchtest du wegen des Gelübdes, so werden wir dich davon gern entbinden.« Es sagte darauf die selig Clara: »Ich will in Ewigkeit nicht befreit werden von der Nachfolge Christi.«[14]

Das ist Clara! Sie erlaubt sich, das Evangelium anders zu interpretieren als der, der ihrer eigenen Überzeugung nach der Stellvertreter Christi auf Erden ist, und diese eigene Auffassung vom Evangelium hatte sie als Frau, der man damals noch mehr als heute das (vermeintliche) Pauluswort entgegenhielt, sie habe in der Kirche zu schweigen. Statt zu schweigen, forderte sie Papst Gregor IX. auf, das ihr von Innozenz gewährte Privileg ebenfalls schriftlich zu bestätigen. Der Papst kam dieser Aufforderung tatsächlich nach und bestätigte von neuem das von ihr erbetene Privileg der Armut.

Doch damit waren die Spannungen mit dem Apostolischen Stuhl – sprich: mit dem Papst – noch nicht zu Ende. Der Nachfolger Gregors, Innozenz IV.[15], verfaßte nämlich eine Ordensregel eigens für Clara und die »Armen Damen von San Damiano« und die immer zahlreicher werdenden Klöster, die ihrem Beispiel folgen wollten. Bereits Gregor IX. hatte sie auf eine eigene Regel verpflichten wollen, die im wesentlichen auf der Benediktsregel beruhte. Clara lehnte die Regel Papst Innozenz' IV. kurzerhand ab. Stein des Anstoßes war vor allem der Satz: »Euch ist gestattet, als Gemeinschaft Einkommen und Besitz entgegenzunehmen und zu haben und erlaubterweise zu behalten.«[16]

Statt desssen schrieb Clara selbst eine Regel und bat den Papst, diese eigene Regel und das darin formulierte Privileg, gänzlich arm zu sein, in aller Form zu billigen. Die päpstliche Genehmigung ließ lange auf sich warten. Am 10. August 1253 war sie da – einen Tag vor Claras Tod. Claras küßte die heiß ersehnte päpstliche Urkunde, die ihre Regel billigte. Sie konnte beruhigt sterben. Sie hatte gesiegt.

Aber nach ihrem Tod dauerte es nur wenige Jahrzehnte, bis ihr Sieg dann doch der Vernunft, dem Apparat, der Kurie zufiel. 1288 sanktionierte Papst Nikolaus IV. den Verzicht auf das Privileg der Armut. Er gestand den Schwestern das Recht zu, Erbschaften und feste Güter anzunehmen. Die Regel Claras verschwand. Sie wurde erst gegen Ende des 19. Jahrhunderts wieder aufgefunden.

Auch in der Frage der *Klausur* schieden sich die Geister – die der römischen Kurie und die Claras und ihrer Schwestern. Wiederum trug Clara den Sieg davon – ganz einfach, weil sie praktizierte, was sie für richtig hielt, und nicht, was man ihr vorschreiben wollte, und weil sie ihre eigenen Vorstellungen in ihre Regel aufnahm. Und schließlich wurde diese vom Papst auch approbiert.

Die Ansichten Roms brachte vor allem Papst Gregor IX. zum Ausdruck, und zwar schon bevor er Papst wurde und noch Kardinal Hugolin hieß. Er erkannte die Bedeutung der inner- und außerhalb der franziskanischen Bewegung neu entstandenen Frauengemeinschaften. Papst Honorius III. beauftragte ihn, für diese eine Regel auszuarbeiten. Der Papst wollte diese Gemeinschaften in die Kirche integrieren und verhindern, daß sie sich zu sektiererischen Gruppierungen entwickelten oder ganz einfach wieder verschwänden. Hugolin kam dieser Aufforderung nach. Er verfaßte und verordnete eine Regel. Diese enthielt das Gebot der strengen Klausur: Niemand außer den Schwestern selbst durfte ihre Räumlichkeiten betreten, und sie selbst durften diese niemals verlassen. Sogar die Toten sollten innerhalb der Klausur bestattet werden.

In diesen Anweisungen spiegelt sich die damalige Gesellschaftsordnung und das Frauenbild der Zeit wider: Töchter mußten solange behütet werden, bis der Vater den richtigen Mann für sie ausgesucht hatte. Die Frauen wurden als das schwächere Geschlecht angesehen, dem gegenüber höchstes Mißtrauen angebracht war.

Wie anders Clara! Sie gebraucht noch nicht einmal das Wort Klausur (= Eingeschlossensein). Lieber spricht sie von »remotio« (= Zurückgezogenheit). Und was sie will, ist im Grunde das Gegenteil von dem, was Hugolin wollte. Sie will nämlich offen sein in doppelter Hinsicht: offen zum Empfangen und offen zum Geben. Wo Hugolin die Notwendigkeit sieht, Mauern zu errichten, da sieht sie die Notwendigkeit, die Grenzen der Klausur – wenn man schon davon spricht – in doppelter Hinsicht zu überschreiten: einmal, um die Sorgen, Nöte und Bedürfnisse der Welt hereinzulassen, sie kennenzulernen und mitzutragen, und zum anderen, um der Welt und der Kirche »draußen« etwas zu sagen, nicht nur mit Worten – die Clara zu den Trost- und Ratsuchenden sprach oder in ihren Briefen in die Welt hinaussandte –, sondern auch durch das schlichte Beispiel, das viele Frauen veranlaßte, ein Leben zu führen wie Clara und ihre Schwestern. Die Heiligsprechungsurkunde für Clara bringt das in treffender, für unsere Ohren allerdings reichlich überschwenglicher Weise zum Ausdruck:

»Wie groß war die Stärke dieses Lichtes und wie stark das Leuchten dieser Klarheit! Ja dieses Licht ... sandte schimmernde Strahlen nach außen; im engen Kloster sammelte es sich und ergoß sich in die weite Welt. ... Klara schwieg, doch ihr Ruhm rief laut; sie hielt sich in klösterlicher Zelle verborgen, dennoch sprach man in den Städten von ihr.«[17]

Konkret sah das so aus, daß Hugolin ständiges Schweigen gebot, Clara nur für die Nacht; daß Hugolin das Verlassen der Klausur untersagte, Clara dies aus vernünftigen Gründen gestattete; daß Hugolin das Betreten der Klausur für jeden Außenstehenden verhindern wollte, während Claras »claustrum« zur Zufluchtsstätte der Bedrängten aus den Städten und Dörfern ganz Umbriens wurde. –

Was Clara von Anfang an wollte, war ganz schlicht: dasselbe sein wie die Brüder, die sich Franziskus anschlossen. Und so wie die Brüder sich Minderbrüder nannten, so wollte sie mit ihren Schwestern Minderschwester sein.

Nicht einen zweiten Orden neben dem ersten wollte sie begründen, sondern mit den Brüdern zusammen eine einzige geistliche Familie bilden. Und so wie sie um das Recht auf Armut kämpfte, so kämpfte sie auch bis an ihr Lebensende um die *Verbundenheit mit den Minderbrüdern.*

Sie wollte arm sein wie die Brüder. Dafür hatte sie sich vom Papst Brief und Siegel geben lassen. Sie wollte ursprünglich auch predigen wie die Brüder. Das wurde ihr verwehrt. Papst Gregor IX. verlangte ausdrücklich von den Bischöfen, gegen die spontan und ohne kirchliche Legitimation entstandenen Gruppen von Frauen einzuschreiten, die ebenso wie die Brüder als Wanderprediger umherzogen.

Die Kirche verstand es nicht, diesen charismatischen Aufbruch von Frauen, die Gottes Reich verkündigen wollten, aufzufangen. Statt dessen wurde er unterdrückt. Clara verzichtete deshalb darauf, in dieser Weise ihrem großen Vorbild und geistlichen Vater Franziskus zu folgen. Als sie später erfuhr, fünf Franziskanerbrüder hätten in Marokko den Märtyrertod erlitten, brach in ihr erneut die Sehnsucht aus, so wie diese das Evangelium zu verkünden. Doch in Erfüllung ging dieser Wunsch nicht, zumal Clara bald darauf Opfer einer schweren Krankheit wurde, die sie bis an ihr Lebensende ans Bett fesselte.

So entwickelten sich für die Minderbrüder und die Minderschwestern unterschiedliche Lebensweisen: Die Brüder führten ein Wanderleben wie Jesus und die Apostel. Die Schwestern lebten an einem festen Ort. Gemeinsam war ihnen die Liebe zur Armut, das Vorbild des heiligen Franz und der Wille, das Evangelium buchstäblich zu erfüllen. Da sie sich als Brüder und Schwestern einer einzigen großen Familie verstanden, übernahmen die Brüder die Sorge um das geistliche und materielle Wohl der Schwestern in San Damiano. In eigens für sie errichteten bescheidenen Hütten aus Stroh und Lehm wohnten sie ständig in ihrer unmittelbarer Nähe. Das hatte sich aber nicht einfach »nur so« ergeben. In der eigens für Clara verfaßten »Lebensform« hatte Franz ihr diese brüderliche Hilfe in aller Form zugesichert. Wörtlich hatte er darin geschrieben: »Darum will und verspreche ich für meine eigene Person und auch für meine Brüder: Wie für das eigene Fleisch und Blut wollen wir für euch aufmerksam sorgen und besonders unermüdlich da sein.«[18] »Wie für das eigene Fleisch und Blut« schreibt Franz: Sie gehören also zu ihm, sie sind keine Fremden, sondern gleichwertige Mitglieder der einen franziskanischen Familie.

In Rom sah man das anders. Man wünschte eine Trennung. San Damiano sollte das Zentrum eines eigenen Frauenordens werden, vergleichbar den traditionellen Orden. Selbst Franziskus trat von seinen ursprünglichen Vorstellungen zurück. Er konnte sich dem Gewicht der Tradition und dem Druck der päpstlichen Autorität nicht entziehen. Um seine Gemeinschaft nicht ganz auflösen oder sonst völlig von nicht franziskanischen Vorstellungen verformen zu lassen, verfaßt er für sie eine neue Regel. Darin liest man dann Dinge, die ganz anders klingen als das in der »Lebensform« Versprochene, etwa:

> *Ich befehle streng allen Brüdern, keine Verdacht erregenden Beziehungen oder Beratungen mit Frauen zu haben und die Klöster der Nonnen nicht zu betreten, jene Brüder ausgenommen, denen vom Apostolischen Stuhl eine besondere Erlaubnis erteilt worden ist.*«[19]

Nach dem Tode des heiligen Franziskus kommt es unter den Minderbrüdern in dieser Frage zu scharfen Auseinandersetzungen. Papst Gregor IX. hatte ihnen zwar hochoffiziell diese »besondere Erlaubnis« erteilt und ihnen damit die Verantwortung für die seelsorgliche und materielle Betreuung der Schwestern übertragen. Aber im Grunde wollten sie dies gar nicht. Sie riefen den Papst zum Schiedsrichter an. In seinem Schiedsspruch hielt der Papst sich fast wörtlich an die Regel des heiligen Franz. Den Brüdern wurde verboten, sich ohne päpstliche Erlaubnis in die Klöster der Schwestern zu begeben. (Es heißt da sogar »accedere« = herantreten, sich nähern und nicht bloß »intrare« = eintreten!)

Wer daraufhin explodiert, ist Clara. »Auf die Nachricht hin, daß der Papst sich die Entscheidung vorbehielt, Brüder mit der geistlichen Sorge für die Schwestern zu beauftragen, schickte Clara auch die Brüder weg, die für die Almosen zuständig waren, und sagte: ›Er soll uns übrigens alle Brüder wegnehmen, nachdem er uns die Spender des Lebensbrotes weggenommen hat!‹ Im Grunde also ein Hungerstreik!«[20]

Tatsächlich erreicht Clara – nicht zuletzt durch ihren »Hungerstreik« –, daß der Nachfolger Gregors, Papst Innozenz IV., den Minderbrüdern die Generalerlaubnis erteilt, die Klöster der Schwestern – auch die sogenannte Klausur – aus Gründen der Seelsorge (Beichte, Krankensalbung, Predigt, Gottesdienst u. ä.) oder aus anderen vernünftigen Gründen (etwa zu handwerklichen Arbeiten) zu betreten. Außerdem erreicht Clara, wie gesagt, – wenn auch erst einen Tag vor ihrem Tod – die päpstliche Billigung ihrer Regel. Und in dieser Regel hat sie nicht etwa die Ausführungen der kirchlich anerkannten Regel von Franziskus über die Zurückhaltung der Brüder gegenüber den Schwestern aufgenommen. Vielmehr zitiert sie darin wörtlich, was Franz ihr in seiner »Lebensform« zugesichert hatte: daß er und seine Brüder »immer« für die geistlichen und leiblichen Bedürfnisse Claras und ihrer Schwestern Sorge tragen werden. Clara konnte daher in dem Bewußtsein sterben, auch in diesem Punkt gesiegt zu haben. Die Anerkennung ihrer Regel beinhaltete die Anerkennung der Einheit der Brüder und Schwestern des heiligen Franz. Clara konnte allerdings nicht ahnen, daß wenige Jahrzehnte später aus der einen franziskanischen Familie zwei im kirchenrechtlichen Sinne selbständige Orden hervorgehen würden. Die Kräfte der Tradition und die von ihr gefügten Ordnungsfaktoren wichen vor dem entschlossenen Willen einer Lebenden zurück. Über den Nachlaß einer Toten vermochten sie dann doch zu siegen. Für die Schwestern Claras, die ihr und ihren Idealen nachtrauerten, war es ein schwacher Trost, daß der Papst – es war inzwischen Urban IV. – ihrem, dem nunmehr »zweiten« franziskanischen Orden den Namen »Klarissenorden« gab.

Gegenüber einer Männergesellschaft

Clara lebte in einer Zeit, in der es »ein Unglück ist, eine Frau zu sein«[21], einer Zeit aber zugleich, in der geradezu explosionsartig Gemeinschaften religiös engagierter Frauen entstanden, besonders in Flandern und im Rheinland sowie in Mittel- und Norditalien. Negativ war das Bild der Frau in der höfisch-ritterlichen Welt. Hier gab kämpferisches Draufgängertum den Ton an. Zurückhaltung, Demut, Gehorsam überließ man den Frauen. Dies sollten deren Tugenden sein.

Noch viel negativer erschien das Frauenbild in der Kirche. Da galt das Vorurteil: Die Frau ist schwach und zudem die, die den Mann in Versuchung führt. Sie ist und bleibt die Tochter jener Eva, die durch den Sündenfall zur Pforte für das Böse in der Welt geworden ist. Dieses schwache und verführerische Geschlecht mußte natürlich von allem ferngehalten werden, was die Männer sowieso für sich beanspruchten: Studium der Theologie, Verkündigung des

Wortes Gottes, Spendung der Sakramente. Und wenn es wie zu Beginn des 13. Jahrhunderts zu einer zweifellos religiös motivierten Frauenbewegung kam, dann konnte die Antwort nur sein, ihnen wieder zu nehmen, was sie sich tatsächlich vielerorts »angemaßt« hatten, nämlich zu predigen, Abendmahl zu feiern und Beichte zu hören. Wer von ihnen trotzdem weiterhin ein Leben des Gebetes und der Buße führen wollte, mußte in strenger Klausur gehalten werden.

Kardinal Hugolin, der spätere Papst Gregor IX., bemühte sich, die neuen Gemeinschaften kirchlich zu integrieren. Er half ihnen, eigene Häuser zu beziehen, und veranlaßte sie, dort nach festen Regeln zu leben. Er ergänzte die überlieferten Regeln um entsprechende Konstitutionen. Diese waren der neu entstandenen Situation angepaßt, jedoch von dem Mißtrauen gegenüber der für selbstverständlich gehaltenen Schwäche des weiblichen Geschlechts diktiert.

Franziskus selbst konnte sich den Anschauungen der Zeit nicht entziehen. Der Umgang mit Frauen stand offenbar selbst für ihn unter dem Vorzeichen des Verdachts. In seiner Regel finden sich Sätze wie diese:

»Wo immer die Brüder sich befinden, oder wohin sie auch gehen, sollen sie sich ... vor dem Umgang mit Frauen in acht ... nehmen, und keiner soll sich mit ihnen beraten oder allein des Weges gehen oder bei Tisch aus der gleichen Schüssel mit ihnen speisen.«[22]

Auch die »Lebensform«, die er für Clara und ihre Schwestern schrieb, atmet den Geist der Zeit: Der große Bruder kümmert sich um die kleine Schwester. Clara, die in ihrer Regel diese »Lebensform« zitiert, führt sie dementsprechend ein mit den Worten:

»Der selige Vater sah, daß wir dem Körper nach zerbrechlich und schwach waren. . . . Darum schrieb er uns, von barmherziger Liebe bewegt, eine Lebensweise . . .«[23]

Spricht hier wirklich Clara? Glaubt sie das selbst? »Zerbrechlich und schwach«? Sie war viel zu selbstbewußt, um das zu akzeptieren, was die Männerwelt ihr diktieren wollte. Derartige Gesten des von oben herab gewährten Mitleids und der Fürsorge machte sie unwirksam, indem sie in Wort und Tat bewies, daß sie sich keinesfalls als schwächeren Teil der Schöpfung verstand. Wo sie in ihrer Regel brav darauf verweist, wie der selige Vater Franziskus sie und ihre Schwestern sah – zerbrechlich und schwach –, fügt sie sogleich hinzu: » . . . daß wir aber dennoch Not, Armut, Arbeit und Mühe, Schwierigkeiten, Verachtung und Verkennung durch die Welt nicht scheuten«! So, als wollte sie sagen: Wir sind nicht geringer, wir sind nicht schwächer; was ihr Männer könnt, das können wir schon lange!

Ihr ganzes Leben war ein einziger Protest gegen die ihr zugedachte Rolle. Im Elternhaus führte sie ein anderes Leben als das, was andere als ein Leben in »geordneten Bahnen« ansahen, bis sie schließlich ihr Elternhaus ganz verließ. Die Benediktinerinnenabtei, ihren ersten Zufluchtsort, verließ sie ebenfalls, und in San Damiano baute sie für sich und ihre Schwestern ein Leben auf, das ihren eigenen Vorstellungen entsprach und nicht den Vorstellungen der Päpste – sprich der Männerkirche. Dabei vermied sie die Exzesse anderer »Frauen der Buße«, die die Buße um ihrer selbst willen übten, als ob all die äußeren, menschlichen Werke Gott wohlgefällig seien und der Mensch sich und andere aus eigener Kraft erlösen könne. Claras Bußübungen – ihr Fasten zumal – waren anfangs möglicherweise übertrieben, aus jugendlichem Übereifer oder als Ausdruck des Aufstandes einer Frau gegen die ihr von außen zugedachte Frauenrolle, die – wie einige Forscher meinen – auch bei ihr zu der heute *anorexia nervosa* genannten Protestkrankheit führten. Doch sie waren letztlich und immer mehr Ausdruck ihrer liebenden Verbundenheit mit dem, dem allein sie genauso wie ihr großes Vorbild Franz nachfolgen und den allein sie nachahmen wollte: Jesus von Nazaret.

Und schließlich tat sie, was beispiellos war und was noch keine Frau in den vorausgegangenen zwölfhundert Jahren der Geschichte der Christenheit getan hatte: Sie schrieb eine Ordensregel für Frauen. Zuvor hatten Frauen, wenn sie ins Kloster gingen, sich immer an eine von Männern und auch nur für Männer geschriebene Ordensregel halten müssen. Clara brach dieses Tabu. Selbst Heloise traute sich ein Jahrhundert zuvor so etwas nicht zu. Sie hatte vielmehr Abaelard gebeten, ihr eine Regel für einen Frauenorden zu schreiben. Dabei galt und gilt Heloise doch wahrhaftig als selbstbewußt und emanzipiert. Doch daran, selber eine Regel zu schreiben, wagte sie nicht zu denken. Clara tat es.

Neben ihrer Regel schrieb Clara ein Testament. Darin ruft sie allen, die dieses Testament lesen, in Erinnerung: Schon bevor es auch nur einen einzigen Bruder gab, der sich Franz anschloß, nämlich zu jener Zeit, als Franz sich mit seinen eigenen Händen abmühte, das verfallene Kirchlein San Damiano wieder aufzubauen, hatte er die Vision von einer Schwesterngemeinschaft, die einmal in San Damiano Gott verehren würde. »Wir Schwestern waren also noch früher da als die Brüder«, scheint Clara den Minderbrüdern zu sagen. Und voller Dankbarkeit und – so darf man wohl hinzufügen – nicht ohne Genugtuung weist sie darauf hin, daß diese Schwesterngemeinschaft zum Vorbild und zum Ansporn für viele Menschen und erst recht für weitere Schwesterngemeinschaften in aller Welt geworden ist.

Clara tat aber noch mehr, etwas, von dem viele meinen, es sei eine Errungenschaft der Frauenrechtsbewegung und der feministischen Theologie des ausgehenden zwanzigsten Jahrhunderts: Sie verwies darauf, daß es nicht nur Söhne Gottes gibt, sondern auch Töchter, nicht nur Diener, sondern auch Dienerinnen, nicht nur heilige Männer, sondern auch heilige Frauen. Sie ließ sich nicht damit abspeisen, daß die Frauen doch selbstverständlich immer mitgemeint seien. Sie wollte nicht nur im Geiste mitgemeint und de facto dann doch vergessen sein. Sie wollte das auch ausdrücklich gesagt wissen. Schon als sie ihre Regel schrieb und darin einige Sätze aus der Regel der Minderbrüder übernahm, ersetzte oder ergänzte sie mit geradezu auffallender Konsequenz die männlichen Substantive durch weibliche.

Ganz klar aber wird ihr entschiedener Wille, die Frau als dem Manne ebenbürtig anzuerkennen, in ihrem letzten Segen, den sie im Angesicht des Todes formuliert. Deutlicher als die Liturgie der Kirche, als die christiche Tradition, ja mitunter als die Bibel selbst unterstreicht sie darin, daß Gott den Menschen als Mann und Frau geschaffen hat. Im lateinischen Text dieses Segens ruft sie die Fürsprache *»omnium sanctorum et sanctarum«* (aller heiligen Männer und Frauen) an, bittet Gott um Gnade für die *»servos et ancillas suas«* (seine Diener und Dienerinnen) und wünscht ihnen, daß sie einst in der triumphierenden Kirche *»inter sanctos et sanctas suas«* (unter seine heiligen Männer und Frauen) gezählt werden. Mit dem Segen, den der Vater aller Erbarmungen *»filiis et filiabus«* (seinen Söhnen und Töchtern) zugesprochen hat, will auch sie ihre Schwestern segnen. Sie bildet dabei die sonst im Lateinischen unübliche Form *»filiabus«*, um zu unterstreichen, daß es Töchter sind, nicht nur Söhne. Eigentlich ist der Dativ von *»filiae«* (Töchter) derselbe wie der von *»filii«* (Söhne), nämlich *»filiis«*. Das genügt ihr aber nicht. Ihre Schwestern und alle sollten es wissen, daß es neben den Männern auch ihnen gleichberechtigte Frauen gibt und daß Clara bis an ihr Lebensende, bis hin in diesen allerletzten Segenswunsch daran gedacht und dafür gekämpft hat![24]

Clara war selbständig, weil sie selbstlos war. Sie machte das Herrenwort wahr: *Wer sich verliert, der wird sich finden.* Und sie verlor sich im Dienst an den Menschen und in der Hingabe an Gott.

Im Dienst an den Menschen

Die Liebe zum Nächsten fängt im eigenen Hause an. So sieht es auch Clara. Ihren Schwestern ist sie weniger Vorgesetzte als vielmehr mitfühlende und stets hilfsbereite Mitschwester. Sie bedient die Schwestern bei Tisch. Zum Händewaschen reicht sie ihnen das Wasser. Den Schwestern, die vom Außendienst zurückkehren, wäscht sie die Füße. Ebenso reinigt sie mit eigener Hand, was Kranke beschmutzt haben. Nachts geht sie durch den Schlafsaal, um notfalls die Schlafenden wieder zuzudecken, damit sie nicht frieren. Schwestern, bei denen sie Zeichen der Niedergeschlagenheit bemerkt, muntert sie auf. Und das fast totale Schweigegebot, das Hugolin den Schwestern auferlegen wollte, lockert sie auf. Wo und wenn es notwendig ist, darf gesprochen werden, an jedem Ort und zu jeder Zeit, erst recht in der Krankenabteilung. Die Schwestern sollen die Möglichkeit haben, ihre Kümmernisse und ihre Ängste ebenso auszusprechen wie ihre Freude und ihre Dankbarkeit.

Clara sorgte schon zu der Zeit, da sie noch als »Pöniten-tin« in ihrem Elternhause lebte, für die Notleidenden in der Stadt. So bewahrte sie sich auch in San Damiano ein mitfühlendes Herz und eine helfende Hand für die Be-dürftigen außerhalb des Hauses, mochten sie zu ihr kom-men oder mochte Clara sonstwie erfahren, daß Hilfe not-wendig war. Und sie kamen tatsächlich in Scharen. San Damiano wurde aufs neue das, was es jahrhundertelang ge-wesen war: Ziel derer, die Linderung in ihren körperlichen und seelischen Leiden suchten. Einer erzählte es dem an-deren, daß Clara das Charisma des Heilens besitze. Ja, man sprach sogar von Wundern. Dabei war es oft »einfach« die Erfahrung, angenommen, verstanden und von schwester-licher Liebe mitgetragen zu sein, die die Kranken wieder gesunden ließ und die San Damiano zu einem Ort machte, wo man Vertrauen schöpfte, wo man neuen Lebensmut ge-wann, wo man aufatmen konnte. Sie erschien wie ein zwei-ter Jesus von Nazaret: Arzt und Heiland, Zuflucht der Be-drückten.

Und wenn sie selbst nicht helfen konnte, fand sie andere Wege. Eines Tages erfuhr sie von dem Streit zwischen dem Bischof und dem Bürgermeister von Assisi – eine Tochter des Bürgermeisters lebte bei ihr im Kloster. Da bestürmte sie zusammen mit ihren Schwestern Franziskus, etwas zu tun, um diese Auseinandersetzung beizulegen. Daraufhin ließ Franziskus seine Brüder vor den Streitenden eine neue Strophe des Sonnengesangs singen. Darin pries Franziskus Gott um deretwillen, die den Frieden lieben. Ein Ausufern des Streites, ja ein offenbar drohender Bürgerkrieg – und das wäre für Assisi ja nichts Neues – wurde auf diese Weise verhindert.

Und war nicht auch das Arbeiten, zu dem sie sich selbst und ihre Schwestern anhielt, dem Gebot der Nächsten-liebe untergeordnet? Bis in ihre letzten Lebenstage hinein verfertigte sie Kelchtücher, um diese an Priester der Umgebung zu verschenken.

Claras Leben der Armut, des Gebetes und der Fürsorge weckte Bewunderung und Nachahmung. Viele wollten leben wie sie – nicht nur in San Damiano selbst. Schon zu Claras Lebzeiten gab es eine regelrechte Frauenbewegung von »Minderen Schwestern«, wie sie anfangs hießen. In Italien, in Deutschland, in Böhmen, in Polen – in ganz Europa entstanden Schwesterngemeinschaften, die ihrem Beispiel folgten. Als Clara starb, waren es mehr als 150. Gemeinsam bildeten sie den »Orden der Armen Frauen von San Damiano«. Diese Frauengemeinschaften zeigten, wie groß der Einfluß war, der von Clara und ihrem Kloster ausging. »Obwohl sie eingeschlossen blieb« – schreibt die Legende –, »fing sie dennoch an, in der ganzen Welt zu erstrahlen.«[25]

Claras Wirksamkeit nach außen blieb nicht darauf beschränkt, ein leuchtendes Beispiel zu geben. Sie schrieb auch viele Briefe, von denen vier an Agnes von Prag und zwei an Ermentrudis von Brügge erhalten sind – Briefe des Trostes, der Ermutigung und der Treue zum franziskanischen Geist.

In der Hingabe an Gott

Clara ist den Menschen nahe, weil Gott den Menschen nahe ist. Und Clara lebt ganz in und aus Gott, nein, Gott lebt in ihr und spricht und handelt durch sie. Sie ist »Gehilfin Gottes« und eben darum »Stütze der gebrechlichen Glieder seines Leibes«[26]. Ihre vornehmste Weise, den Menschen zur Seite zu stehen, ist: für sie beten und sie segnen.

Um aber ganz aus Gott leben zu können, bleibt sie arm und verteidigt dieses »Privileg«, arm zu sein, bis an ihr Lebensende. Arm sein heißt für sie: frei sein für Gott, offen sein für Gott, sein Herz nicht woanders festmachen als nur in Gott, alles Sinnen und Trachten nicht darauf ausrichten, zu haben und immer mehr haben zu wollen, sondern darauf, leer zu sein und sich beschenken zu lassen. Arm sein heißt für sie: Platz machen für Gott. Was sie das Arm-sein lehrt, das lehrt sie auch das Leiden-müssen: nicht auf irdische Güter bauen, sich nicht an Vergängliches klammern, sondern offen sein und offen bleiben für das Unvergängliche – und sich durch das Leiden daran erinnern lassen, daß diese Welt und dieses Leben noch nicht vollendet sind. Der Verfasser der Clara-Legende schreibt voller Bewunderung und Anerkennung etwas, was wir nur schwer nachvollziehen können:

daß »... während ihrer achtundzwanzig Jahr langen, schweren Krankheit von ihrem seligen Mund nie ein Gemurr noch Klag noch ungeduldig Wort war zu hören. Zu allen Zeiten vielmehr lobte sie Gott und sagte ihm Gnad und Dank wegen ihrer Krankheit«.[27]

Kann man so sprechen? Darf man überhaupt so sprechen? Etwas akzeptieren, ja begrüßen, was objektiv schlecht ist und nicht sein sollte? Was sie darum auch bei anderen durch ihren Segen und ihr Gebet zu vertreiben suchte? Clara konnte es im Blick auf Jesus, ihren Herrn und Bruder. Er war ihr Vorbild und ihr Trost: im Arm-sein, im Leiden-müssen und in der Geduld, mit der er sein Leiden-müssen akzeptierte und ertrug. Wörtlich läßt die Legende Clara zu denen, die ihr Krankenlager umstanden, sprechen:

»Nachdem ich die Gnad meines Herrn Jesus Christus durch seinen seligen Knecht Sanct Franciscus erkannt hab, da ist mir keine Krankheit und kein Leiden jemals zu schwer noch zu hart.«[28]

An Agnes von Prag schrieb sie in ihrem zweiten Brief:
»Sieh den
der sich für dich zu einem gemacht hat,

der verachtet ist
und folge ihm...
Wenn du mit ihm mitleidest
wirst du auch mit ihm mitherrschen
Wenn du mit ihm den Schmerz empfindest
wirst du auch mit ihm die Freude erleben
Wenn du mit ihm am Kreuz der Verwirrung stirbst
wirst du auch die himmlischen Wohnungen besitzen.«[29]

Und in ihrem vierten Brief schrieb sie ihr:
»Glücklich gewiß...
wer dem anhängt
dessen Schönheit
alle seligen himmlischen Heerscharen
unaufhörlich bewundern...
dessen Güte beglückt...
dessen herrliche Schau beseligen wird.«[30]

Clara lebte daraus, daß es die Agonie Jesu ist, die in dem
Leiden aller Kreatur bis ans Ende der Zeiten fortdauert,
und daß, was für Jesus gilt, auch für sie, ja für alle gilt:
»Er ist auferstanden, aber mit Wunden.
Mit Wunden, aber mit verklärten.«[31]

Katharina von Siena

Die heilige Katharina
Gemäde von Andrea Vanni aus dem 14. Jahrhundert in der
Basilica di S. Domenico.

1461 wurde sie heiliggesprochen, 1861 zur Patronin Roms ernannt, 1939 zur Patronin Italiens, 1970 gar zur Kirchenlehrerin. Das ist Katharina von Siena in den Augen der Kirche.

Und in den Augen der Welt? »Eine der glänzendsten Gestalten der Menschheitsgeschichte.«[1] So Ludwig von Pastor. Arnold Gehlen stellt sie in eine Reihe mit Klytemnästra, Judith, Antigone. Denn diese »zeigen den Männern, wie man sich aussetzt und einsetzt«.[2] Und hatte nicht auch schon ein Chronist ihrer Zeit berichtet, diese Frau sei »der einzige Mann ihres Jahrhunderts«[3] gewesen?

Noch nie zuvor war einer Frau der Titel einer Kirchenlehrerin zuerkannt worden. Jetzt aber stellte sie Papst Paul VI. – er war es, der ihr diesen Titel 1970 verlieh – in eine Reihe mit Johannes Chrysostomus, Ambrosius, Augustinus und den anderen Großen des Geistes und der Frömmigkeit, von denen die Kirche sich belehren lassen will.

Da fragt man sich unwillkürlich: Wer ist diese Frau? Und: Was soll sie uns lehren? Es gibt Schriften von ihr: Briefe (rund 380), Gebete und als ihr Hauptwerk den »Dialog über die göttliche Vorsehung« – einen Dialog mit Gott selbst. Als die Buchdruckerkunst ihren Einzug in Italien hielt, gehörte dieser »Dialog« (neben den Werken Ciceros und Augustinus') zu den ersten und beliebtesten Druckerzeugnissen, die die Presse verließen.

Und es gibt Bücher über sie. Schon zu Lebzeiten wurden Wundergeschichten über sie erzählt und aufgezeichnet.

Siena
Im Mittelpunkt der leuchtend weiße Dom mit dem
nicht vollendeten Langhaus rechts.

Nach ihrem Tode verfaßte ihr langjähriger Beichtvater Raimund von Capua eine ausführliche Lebensgeschichte, die sogenannte »Legenda maior«. Sie wurde ebenso rasant verbreitet und gedruckt wie der »Dialog«. Tommaso di Antonio faßte sie zu einer »Legenda minor« zusammen. Und schon bald wurde ein Heiligsprechungsprozeß betrieben. Dessen Akten und damit auch die dabei gemachten Zeugenaussagen sind uns erhalten.

Das aber war nur der Beginn. Die Schriften, die seither über Katharina erschienen sind, füllen mittlerweile eine ganze Bibliothek.[4] Man braucht nur zuzugreifen, um sich selbst zu informieren – und verwirrt, erstaunt, ja, erschrocken festzustellen, daß das Leben dieser schon mit 33 Jahren gestorbenen Frau vom Anfang bis zum Ende in ein Geheimnis eingesenkt blieb. Ihre Mitwelt wußte – eine Unbegreiflichkeit durch eine andere ersetzend – für dieses Geheimnis nur den einen Namen: Gott.

Siena

Außer den schriftlichen Zeugnissen von ihr und über sie gibt es noch ihre Heimatstadt Siena. Diese Stadt erzählt uns von ihrer Zeit, und sie erzählt uns von ihrem Leben.

Wer Siena besucht, findet bestätigt, was er zuvor lesen konnte: »Ein unersetzliches Werk städtischer Baukunst, die einzige europäische Stadt des 14. Jahrhunderts, die in solcher Vollkommenheit noch vor uns steht,... eines der schönsten Denkmäler abendländischer Kultur.«[5]

Siena will natürlich römischen Ursprungs sein. Ganz konkret weiß die Legende zu berichten, daß es Senius (daher der Name der Stadt – angeblich jedenfalls) und Aschinus waren, die die Stadt gründeten: Zwillinge, Söhne von Remus, der mit seinem Zwillingsbruder Romulus Rom gegründet hatte. Vor ihrem Onkel Romulus mußten sie fliehen, und zwar auf einer Wölfin, der eine mit einer weißen, der andere mit einer schwarzen Pferdedecke. Daher also an vielen Straßenecken Sienas noch heute Abbilder der Wölfin mit den beiden Stadtgründern und daher noch heute das schwarz-weiße Stadtwappen!

Nicht mehr legendär, sondern historisch ist die Überlieferung, daß schon zu der Zeit des Römischen Kaiserreiches Siena Bischofssitz war und daß der Bischof nach dem Untergang des Römischen Reiches und damit dem weitgehenden Zerfall der staatlichen Ordnung auch weltlicher Herrscher wurde. Das blieb nicht lange so – es kamen andere Herrscher, die Goten, die Langobarden, die Franken –, bis dann im Mittelalter der Bischof wieder die Stadt beherrschte. Nach vielen Wirren mauserte sich die inzwischen dank ihres Handels und ihrer geschickten Kaufleute reich gewordene Stadt zu einer selbständigen Republik und entwickelte in zunehmendem Maße demokratische Regierungs- und Verwaltungsformen. Das rief den Argwohn der ebenfalls aufstrebenden Nachbarstadt Florenz hervor. 1260 wurde der Nebenbuhler Florenz in einer blutigen Schlacht besiegt, doch neun Jahre später war Siena von Florenz geschlagen. Das bedeutete zunächst einmal Frieden nach außen und bewirkte einen wirtschaftlichen, künstlerischen und städtebaulichen Aufschwung im Innern, wo fast ein Jahrhundert lang (bis 1355) der von den florentinischen Guelfen eingesetzte »Rat der Neun« die Geschicke der Stadt bestimmte. Schließlich wurde Siena von inneren Parteikämpfen zerrissen (grausame Hinrichtungen der jeweiligen Parteigegner fanden statt) und verlor völlig seine Selbständigkeit. 1559 ging Siena in dem von Florenz beherrschten Großherzogtum Toskana auf.

Der Dom in Siena
Der Grundstein zu der Kathedrale wurde im Jahre 1226 gelegt.
Das Äußere besticht durch die Zweifarbigkeit des Marmors und die
streng geometrisch gegliederte Fassade, die im
14. Jahrhundert vollendet wurde.

Seine wirtschaftliche und kulturelle Blütezeit erlebte Siena im 13. und 14. Jahrhundert. Aus dieser Zeit stammen all die prachtvollen Bauten – der Dom, Kirchen, Paläste –, die bis heute Gesicht und Atmosphäre dieser Stadt bestimmen.

Den höchsten Punkt der Stadt markiert der *Dom.* Vor der Fassade erinnert auf einer Säule das Wappentier Sienas – die kapitolinische römische Wölfin mit den Stadtgründern

Senius und Aschinus – mehr an den Stolz der Stadt als an ihren tatsächlichen Ursprung. Doch der Bewunderung heischende Dom selbst ist nicht Legende und läßt die Sieneser mit Recht stolz sein. Sein äußeres Mauerwerk besticht durch das Wechselspiel von weißen und dunkelgrünen Steinen – als wäre es aus Perlmutt und Jaspis. Die Fassade – romanisch im unteren und gotisch im oberen Teil – zeigt die gleichen Farbkontraste und zudem – zum ersten Mal in Italien – reichen Skulpturenschmuck, der in seiner Vielfalt und seiner meisterhaften Ausführung den Vergleich mit den Fassaden französischer Kathedralen nicht zu scheuen braucht.

Das Innere des Domes ist nicht minder beeindruckend. Auch hier besticht das Wechselspiel von hell und dunkel der mit Marmor verkleideten Wände, ergänzt durch die Dekoration der Gewölbe mit blauer Farbe und goldenen Sternen. Beachtenswert sind die Einlegearbeiten im Fußboden und die überreiche Innenausstattung mit vielgerühmten Kunstwerken wie der weißen Marmorkanzel – einem Meisterstück von Nicola Pisano –, dem Rundfenster in der Apsis – nach Entwürfen von Duccio – und einer Bronzestatue Johannes des Täufers – ein Werk Donatellos. Und als wolle man hier aller Welt neben der christlichen auch seine römische Vergangenheit demonstrieren, hat man unter dem Gesims des Langhauses außer den Büsten von 171 Päpsten auch die von 36 römischen Kaisern angebracht.

Wer den Dom besucht, sollte eine Besichtigung der *Libreria Piccolomini* nicht vergessen und ebensowenig einen Besuch des *Dommuseums* (Museo dell' Opera Metropolitano). Die vom linken Seitenschiff aus zugängliche Libreria Piccolomini war dazu bestimmt, die Bibliothek des aus Siena stammenden Papstes Pius II. (mit Geburtsnamen Enea Silvio Piccolomini) aufzunehmen. Sie enhält aber außerdem – und das ist die Hauptattraktion – Fresken von Pinturicchio mit Szenen aus dem Leben Papst Pius' II. – von seiner Tätigkeit auf dem Konzil von Basel bis hin zu der durch ihn erfolgten Heiligsprechung Katharinas von Siena.

Im Dommuseum ist das Verweilen vor der Maestà – dem von Duccio di Buoninsegna (1308–1311) geschaffenen, urspünglich für den Hochaltar des Domes bestimmten Altarbild der als Königin thronenden und von Engeln und Heiligen umgebenen Madonna – fast schon allein eine Reise nach Siena wert.

Nicht zuletzt beeindruckt der Sieneser Dom aber durch sein Unvollendetsein. Was nämlich jetzt dort steht – ein mächtiges Bauwerk von 89 Metern Länge und 24 Metern Breite –, sollte nur das Querschiff sein. 1339 hatten die Bürger der Stadt seine Erweiterung beschlossen. Sie hätte den Dom zum größten gotischen Bauwerk Italiens gemacht. Das glaubte man sich schuldig zu sein. War Siena doch damals eine Stadt so groß wie Paris. Doch die Pest machte allen hochfliegenden Plänen ein Ende, die Pest vor allem der Jahre 1348 und 1374. Etwa die Hälfte der Bevölkerung fiel ihr zum Opfer.

Ein Jahr vor der ersten Pestwelle wurde Katharina geboren. Als 27jährige pflegte sie die Kranken und bestattete die Toten. Das war im Jahr der zweiten großen Pest. Das Krankenhaus, zu dem Katharina so oft schon in früher Morgenstunde eilte, lag und liegt gegenüber dem Dom. Es ist das *Spedale di Santa Maria della Scala*. Im Äußeren bewahrt es die ursprüngliche Gestalt: elegante, zweibogige Fenster aus dem 13. Jahrhundert. Im Inneren birgt es heute eine moderne Klinik. Doch erhalten geblieben sind die Fresken aus dem 15. Jahrhundert. Sie stellen die Krankenpflege dar, so wie sie damals ausgeübt wurde. Und in den Kellergewölben, eben dort, wo Katharina den Kranken und Sterbenden zur Seite stand, befindet sich heute eine Kapelle zu ihren Ehren und zugleich der Sitz der Kongregation der »Santa Caterina della Notte«, der »Heiligen Katharina der Nacht«.

Siena ist auf drei Hügeln erbaut. Zwischen ihnen, im eigentlichen Zentrum der Stadt, dort, wo auch die drei Hauptstraßen zusammentreffen, befindet sich wie eine riesige Muschel die *Piazza del Campo*, im allgemeinen einfach der *Campo* genannt, und zieht, als wäre er ein großes Amphitheater, die Stadtbewohner und nicht minder die Besucher dieser Stadt geradezu magnetisch an. Er ist nicht zu verfehlen wegen seiner Größe und wegen des schon zur

Piazza del Campo in Siena
Der muschelförmige Platz gilt als einer der schönsten Plätze Europas.
Im Vordergrund der gotische Palazzo Publico (1297–1310) mit seinem
102 Meter hohen Turm.

Das traditionsreiche Pferderennen (Palio) auf dem Campo in Siena
Dieses Rennen wird unter den Stadtbezirken von Siena ausgetragen.

Zeit Katharinas den Platz beherrschenden gotischen Rathauses, des *Palazzo Publico* mit seiner 88 Meter (bzw. bis zur Spitze des Blitzableiters 102 Meter) hohen *Torre de Mangiu*, einem der kühnsten Turmbauten des Mittelalters. Heute – wie schon vor Hunderten von Jahren – ist der Campo Schauplatz von Pferderennen, Palio genannt. Zweimal im Jahre finden sie statt. Die einzelnen Stadtbezirke kämpfen dabei um die Ehre, das schnellste Pferd zu besitzen.

Zur Zeit Katharinas gab es auch schon diese Rennen. Gleichzeitig aber war der Campo Hinrichtungsstätte. Und Katharina war es, die oft die Verurteilten auf ihrem letzten Gang begleitete. Bekannt und von Selma Lagerlöff in einer Novelle dichterisch gestaltet ist die Hinrichtung des jungen Adeligen Nicolò di Tuldo aus Perugia. Katharina hatte den völlig Verzweifelten mit Gott und auch mit sich selbst und der Welt zu versöhnen vermocht. Sie war bei ihm in seiner letzten Stunde. Sie empfing das Haupt des Hingerichteten in ihren Händen und auf ihrem Schoß.

So wie der Campo das Zusammentreffen der drei Stadtteile markiert, so sind es drei Klöster mit ihren Ordenskirchen, die an deren äußersten Enden gleichsam Wache halten: im Osten *San Francesco*, im Süden *Sant' Agostino* und im Westen *San Domenico.*

Die Franziskanerkirche *San Francesco* ist eine stattliche gotische Basilika, erbaut in der Zeit von 1326 bis 1475 und 300 Jahre später durch einen mächtigen Glockenturm ergänzt. Berühmt wurde diese Kirche jedoch weniger durch ihre Architektur und die zum Teil großartigen Fresken in ihrem Innern, als vielmehr durch den heiligen Bernhardin (1380–1444), der hier predigte, dem diese Basilika aber bald zu klein wurde, so daß er es vorzog, auf dem Campo die ständig wachsenden Massen durch seine Predigten zu fesseln.

Die Ordenskirche der Augustiner, *Sant' Agostino*, wurde

Die Kirche San Domenico in Siena
Ein gotischer Backsteinbau aus dem 13. und 14. Jahrhundert.
Im Innern befindet sich als Reliquie das Haupt der heiligen Katharina.

zwar auch schon im 13. Jahrhundert erbaut, aber im 15. und dann wieder im 18. Jahrhundert umgestaltet. Sie wirkt einladend durch ihre Helle und Weite – und nicht zuletzt durch die Gemälde, unter anderem von Perugino und Sodoma.

San Domenico, die Kirche der Dominikaner, ist ein festungsartiger, gewaltiger Backsteinbau im gotischen Stil mit einem zinnengekrönten Glockenturm. 1225 begannen die Bauarbeiten. Erst 1465 kamen sie zum Abschluß. Das Innere dieser Kirche besteht aus einem einzigen Kirchenschiff, das dem Raum eine gewisse Geschlossenheit und Feierlichkeit verleiht. In dieser Kirche mahnt das in einem Reliquienschrein neben dem Hauptaltar aufbewahrte Haupt der heiligen Katharina zum Innehalten und lädt zu einem kurzen Gebet ein. In der sogenannten *Kapelle der Gewölbe* (Cappella delle Volte) findet man ein Bildnis der hl. Katharina von Andrea Vanni (1322–1414) – vielleicht das einzige zuverlässige von ihr – und in einer anderen, später (1488) angebauten Kapelle, der *Kapelle der heiligen Katharina* (Cappella di Santa Caterina), sind zwei Hauptwerke von Sodoma (1477–1549) zu sehen: »Katharina in Verzückung« und »Katharina bei der Hinrichtung des Nicolò di Tuldo«. – San Domenico sollte für Katharinas Lebensweg bestimmend werden. Eines Tages – sie zählte noch keine 7 Jahre – war ihr, als sähe sie über eben dieser Kirche Jesus selbst, und als blicke er sie an. Dieser Blick veränderte ihr Leben. Es sollte fortan nur noch dem gehören, der ihr erschienen war. Und die Kirche des heiligen Dominikus war der Ort, an dem sie regelmäßig zu ihm betete.

Nicht weit von der Dominikanerkirche entfernt, im Stadtteil Fontebrada, in der *Contrada* (Bezirk) *dell' Oca*, an der Straße der Färber, die heute *Via Santa Caterina* heißt, liegt das Haus, in dem Katharina 1347 geboren wurde – als vierundzwanzigstes Kind des Färbers Benincasa. Dieses Haus war Zeuge ihrer Auseinandersetzungen mit den Eltern, die sie nicht verstanden, und Ort ihrer Gebete und Bußübungen, ihres Suchens und Findens des Weges, den sie gehen sollte.

Man kann noch heute die Zelle besuchen, in der sie ganz zurückgezogen wohnte, auf dem bloßen Boden schlafend. Dieses Zimmer ist aber der einzige Raum ihres Geburtshauses, der in etwa so geblieben ist wie zu ihren Lebzeiten. Denn das Haus, das jetzt von Ordensschwestern betreut wird, ist im übrigen zu einem »Santuario« umgestaltet – teils Andachtsstätte, teils Museum.

Man sieht dort Werke von Bernardino Fungai, Sebastiano Folli, Gerolamo del Pacchia und anderen: Holzstatuen, Fresken, Gemälde. Sie stellen die Heilige dar und erinnern an Szenen aus ihrem Leben. So kann man zum Beispiel sehen – um nur einige Titel zu nennen – Katha-

Geburtshaus Katharinas
In diesem Haus wurde Katharina 1347 geboren,
im Schatten der Kirche San Domenico.

rina, wie sie unter die Räuber gefallene Dominikanerpatres befreit; Katharina, wie sie den von der Pest befallenen Rektor des Hospitals Santa Maria della Misericordia wieder heilt; Katharina mit den Wundmalen Christi; Katharina beim Diktieren eines Briefes; Katharina vor den Toren von Florenz; Katharina in Avignon im Gespräch mit Papst Gregor XI.; Katharina, wie sie dem römischen Volk zuredet, Papst Urban VI. als den rechtmäßigen Papst anzuerkennen; Katharina, wie sie in einem Konsistorium vor Papst Urban und den Kardinälen spricht.

All dies dokumentiert, wie nachhaltig, ja umwerfend der Eindruck gewesen sein muß, den Katharina auf ihre Mitwelt und auf ihre Nachwelt gemacht hat und was man aus ihrem Leben für erinnerungswürdig hielt: wie sie Arme beschenkte, wie sie Verurteilte tröstete, wie sie den Papst bewegte, Avignon zu verlassen und nach Rom zurückzukehren – und wie sie in all ihrem Tun den Menschen ihrer Zeit als von Gott erleuchtet und von Gott geführt erscheint.

Eben das stellen auch die zahlreichen anderen Kunstwerke dar, die in Siena zu sehen und zu bewundern sind. Sie befinden sich im Stadtarchiv, in der (im *Palazzo Buonsignori*, einem gotischen Backsteinbau aus dem 14. Jahrhundert, untergebrachten) *Pinakothek* mit ihren zweiunddreißig Sälen voller prächtiger Gemälde aus der Zeit vom 12. bis zum 16. Jahrhundert und schließlich auch in der schon erwähnten *Dombibliothek*, der *Libreria Piccolomini*. Sie zeigen beispielsweise Katharina beim Empfang des Ordenskleides; Katharina, wie sie ihr Gewand einem Bettler schenkt; Katharina im Gebet vor einem Kruzifix; Katharina, wie sie Christus ihr Herz überläßt, um von ihm das seinige zu empfangen.

All diese Werke zu betrachten ist nicht allein ein ästhetisches Vergnügen. Es läßt vielmehr zugleich verwundert, erstaunt, vielleicht sogar irritiert fragen, was es denn mit dieser in solch verwirrender Fülle dargestellten und künstlerisch verewigten Katharina auf sich hat. Auf dieses Fragen eine Antwort zu geben, soll im folgenden versucht werden, und zwar durch den Hinweis auf das,

was dieser Frau widerfahren ist,

was sie getan,

was sie gesagt hat,

und in aller Behutsamkeit auch auf das, was sie womöglich war.[6]

Katharina

Was ihr widerfuhr

»Wie ein Meteor leuchtete sie auf, aber die Lichtspur, die sie hinterließ, ist geblieben. Großes hatte sie geleistet, die babylonische Gefangenschaft der Päpste beendet, in die politischen Wirren ihrer Zeit eingegriffen, verfeindete Parteien und Städte versöhnt, Frieden gestiftet, Kranke gepflegt und geheilt, Verurteilte und Gefangene besucht und gefürchtete Verbrecher bekehrt.«[7]

So schreibt Roswitha Schneider zu Beginn ihres Beitrags »Katharina von Siena als Mystikerin« – und fährt fort:

»Und schließlich hat sie uns Schriften hinterlassen…, die ihr… den Titel einer Kirchenlehrerin eingetragen haben. …Aber all das wäre sie nicht und hätte sie nicht geleistet, wäre sie nicht primär Mystikerin gewesen.«

Mystikerin? Ist sie etwa dem Mysterium schlechthin, dem Geheimnis aller Geheimnisse, dem unergründlichen Gott selbst begegnet? So wie die Propheten des Alten Bundes? So wie die große Teresa von Avila, die ebenfalls 1970 zur Kirchenlehrerin erhoben wurde?

Ja, eben das und nicht weniger überliefern uns ihre ersten Biographen. Waren sie doch ihre Beichtväter, denen Katharina selbst das »gebeichtet« hatte. Sie tat es mit stammelnden Worten, in untauglichen Bildern, mit kümmerlichen Begriffen, die den Unbegreiflichen nie und nimmer zu fassen vermögen. Sie selbst sagte:

»Meine Zunge ist unfähig, all diese Geheimnisse zu schildern, die mein Geist da erschaute und mein Gemüt empfing.«[8]

Katharina ist noch nicht ganz sieben Jahre alt, da sieht sie mit den Augen des Herzens, doch so, daß es sich ihr unauslöschlich einprägt, daß es ein Jenseits gibt, ein Mehr, das heller, strahlender, leuchtender ist als alles sonst, und daß dieses Jenseits ein Jemand ist, der sie spüren läßt: Ich bin nicht allein; einer ist da für mich! Und ich, das allerletzte, das kleinste, die Nummer 24 der Kinder im Hause Benincasa, ich bin geliebt! Und das von dem, von dem die heiligen Schriften sagen, er sei der König der Könige und der Herr der Herren. Und von diesem großen Herrn schreibt ihr Biograph Raimund von Capua, Katharinas Empfinden – so gut er konnte – wiedergebend: »Er ließ seine Augen auf ihr ruhen. Voll zärtlicher Liebe lächelte er sie an.«[9]

Ihr scheint, als trage der, der ihr da erschienen ist, päpstliche Gewänder, so, als wolle er sagen: Die Papstkirche ist mein Abbild, in ihr lebe ich; wer diese Kirche verteidigt, der verteidigt mich.

Katharinas Antwort ist die Antwort der Liebe. Ja, so wie Du für mich da bist, will auch ich da sein für Dich. Ich will Dir ganz und gar gehören. Ganz konkret gelobt sie ihm – was sonst nur Ordensfrauen tun – immerwährende Jungfräulichkeit. Und als sie zwölf Jahre alt ist und die Eltern die Zeit gekommen sehen, sie zu verheiraten, wehrt sie sich mit aller Macht, auch als die Eltern sie von einem Geistlichen an das vierte Gebot und an ihre Gehorsamspflicht erinnern lassen. Man muß Gott jedoch mehr gehorchen als den

Menschen. In ihrer Not schneidet sie sich die Haare ab. So ist sie für jeden Brautbewerber unattraktiv.

Sie erreichte es, daß sie allen Widerständen zum Trotz mit sechzehn Jahren in den Dritten Orden des heiligen Dominikus eintreten darf. Ihm gehörten vornehmlich Witwen an, die sich dem Gebet und karitativen Aufgaben widmeten. Katharina trug fortan das schwarz-weiße Gewand dieser »Bußschwestern des heiligen Dominikus«. Sie wohnt nicht in einem Kloster, sondern weiterhin bei ihren Eltern. Dort zieht sie sich in ihr Zimmer zurück. Drei Jahre lang will sie – wie die Wüstenväter, von denen sie gehört hat, – in der »Wüste« leben: Sie weigert sich, mit den anderen zu sprechen oder auch nur zum Essen am Familientisch Platz zu nehmen. Sie zieht es vor zu fasten, zu beten und sich zu kasteien. Ihr Gesprächspartner ist der, der sich ihr geoffenbart hat und nicht aufhört, sich ihr zu offenbaren.

Eines Tages – sie ist inzwischen zwanzig Jahre alt – ist ihr, als antworte der Herr auf ihre Bereitschaft und ihren festen Willen, nur ihm zu gehören, dadurch, daß er ihr – sie glaubt, es ganz genau zu sehen – einen goldenen, mit vier Perlen und einem strahlenden Diamanten besetzten Ring über den Finger streift: Er selbst will sich mit ihr vermählen und sie nimmermehr verlassen.

Und was heißt das für sie? Weiterhin nur zu beten und zu betrachten und sich um das, was außerhalb der vier Wände ihres Zimmers geschieht, nicht zu kümmern? Genau das Gegenteil ist der Fall! Und das, was ihr wie eine Vermählung erscheint – »mystische Vermählung« schreiben die, die genauso wenig wie irgendein anderer wissen, was das ist –, war Aufforderung zum Aufbruch in die Welt. Doch sie zögert. Sie fürchtet, ihren geliebten Herrn und Meister zu verlieren. Er aber bedeutet ihr: »Ich will dich doch nicht von mir wegschicken, im Gegenteil, die Liebe zu den Menschen wird dich noch fester an mich binden.«[10] Katharina äußert Bedenken wegen ihres »schwachen« Geschlechts.

»Ich bin eine Frau«, so überliefert Raimund von Capua ihre Einwände, *»mein Geschlecht steht allem derartigen vielfach im Wege, du weißt ja, wie geringschätzig die Männer von den Frauen denken, wie sehr es gegen die Schranken des Anstands verstößt, wenn Frauen mit Männern von gleich zu gleich verkehren wollen!«*

Raimund von Capua zitiert aber auch, so wie er es von Katharina erfahren hat, die Antwort des Herrn: *»Bin nicht ich es, der alle Menschen erschaffen hat, Männer und Frauen? Kann ich die Gnade meines Geistes nicht ausgießen, wo ich will? Vor mir gibt es weder Mann noch Frau, weder gemein noch vornehm, alles ist für mich gleich.«[11]*

Katharina ergeht es im Grunde wie allen, die sich von Gott in die Pflicht genommen fühlen. Sie meinen, dieser Aufgabe nicht gewachsen zu sein. »Ach, mein Gott, ich kann doch nicht reden; ich bin noch zu jung«, stöhnt der Prophet Jeremia. Der Herr aber entgegnet ihm: »Sag nicht: Ich bin noch zu jung. Denn ich bin mit dir« (Jer 1,6 ff). Gottes Werke zu tun und Gottes Wort zu verkünden, das geht über das Vermögen eines jeden Menschen.

So beginnt Katharina zunächst, Arme zu beschenken – der nicht unvermögende Vater gestattete ihr, dazu von seiner Habe zu nehmen –, Kranke zu pflegen, Verurteilte auf den Tod vorzubereiten, verfeindete Parteien zu versöhnen. Ihr Ruf dringt über die Grenzen Sienas hinaus – und sie selbst auch. Frieden will sie zwischen den italienischen Städten stiften. Schließlich wird sie auch Mahnerin der Bischöfe, der Kardinäle, des Papstes selbst – stets begleitet, getröstet, gestärkt von dem, der ihr ein und alles ist.

Einmal ist ihr, als habe er ihr das Herz aus der Brust genommen und ihr dafür sein eigenes Herz geschenkt – ein

Katharina pflegt eine Aussätzige
Aus der »Legenda maior« des Raimund von Capua, Siena 1524.

Bild dafür, daß an ihr das Wort des Propheten Ezechiel in Erfüllung gegangen ist: »Ich schenke euch ein neues Herz und lege einen neuen Geist in euch. Ich nehme das Herz aus Stein aus eurer Brust und gebe euch ein Herz aus Fleisch« (Ez 36,26), und daß sie nun mit Paulus sagen kann: »Nicht mehr ich lebe, sondern Christus lebt in mir« (Galater 2,20).

Ein anderes Mal ist sie fest davon überzeugt, die fünf Wundmale des Gekreuzigten zu empfangen. Das also ist ihr zugedacht: mit Christus und wie Christus zu leiden, um mit ihm aufzuerstehen (– einmal, als die Außenwelt sie stundenlang für tot hielt, war ihr, als schaue sie schon jetzt die Herrlichkeit des Himmels; –) und um – wie Paulus – noch zu ergänzen, was an Christi erlösendem Leiden für seinen

Leib, die Kirche, noch fehlt. Und leiden mußte sie ihr Leben lang – bis hin zu ihrem wochenlangen, schmerzhaften Todeskampf.

Sie ist eine von Gott Heimgesuchte, eine von Gott Ergriffene, eine von Gott Erfüllte. So deutet sie selbst und so deutet ihre Umwelt das, was ihr widerfahren ist.

Was sie lebte und tat

Sie tat, was andere auch taten. Aber sie tat es vielleicht noch selbstloser, hingebungsvoller, unermüdlicher. Die ekelerregenden Wunden, die keiner sonst waschen will, wäscht sie. Die Toten der Pest, die keiner sonst begraben will, begräbt sie. Die mit ihrem Geschick hadernden Gefangenen, die kein Priester, kein Familienangehöriger, niemand sonst zu bekehren vermag, bewegt sie zur Umkehr. Die verfeindeten Familien, deren Streitigkeiten keine weltliche und keine kirchliche Instanz zu schlichten vermag, lassen sich durch sie versöhnen.

Man staunt über sie. Man bewundert sie. Man fragt sie um Rat. Viele schließen sich ihr an: Kleriker und Laien, Frauen und Männer, Gebildete und Ungebildete. Sie nennt sie ihre »famiglia«. Sie nennen sie ihre »mamma«. Sie versuchen, es ihr gleich zu tun im Dienst an den Kranken, den Armen, den Gefangenen. Sie beten mir ihr. Sie lauschen ihren Worten, die wie aus einer anderen Welt kommen: Worte, die ihr Gott einzugeben scheint, Gebete, die sie an Gott richtet. Sie schreiben diese auf, erhalten sie der Nachwelt.

Ihr Ruf verbreitet sich. Zu Tausenden strömen die Menschen herbei, auch aus den Dörfern und Städten ringsum. Sie wollen sie sehen, ihre Worte hören, von ihr getröstet und geheilt werden.

Das Neue, Ungewohnte, Unbekannte weckt aber auch Fragen, Argwohn, Mißverständnisse. Natürlich! Sie hat nicht Theologie studiert und predigt Buße. Sie ist kein Priester und redet von göttlichen Dingen. Und obendrein ist sie kein Mann.

Sie muß sich in Florenz vor dem Generalkapitel des Dominikanerordens rechtfertigen. Man findet nichts Anstößiges an ihr, entdeckt keine Glaubensirrtümer, läßt sie unbehelligt. Nur einen neuen Beichtvater bestimmt man, der sie betreuen, beraten, vor Irrtümern bewahren soll: Raimund von Capua. Dieser erkennt in ihr die Größere. Er wird mehr ihr Schüler als ihr Lehrer.

Doch Katharina will mehr als den Armen helfen und Frieden stiften. Sie will die Kirche selbst heilen. Sieht sie doch, wie krank, wie sündig diese Kirche ist.

Dem päpstlichen Nuntius für die Toskana, Abt Berengar von Lézat, schreibt sie:

»Ich möchte in Ihnen einen echten Priester sehen. . . . Sie sollten sich im Dienst der Kirche verzehren. . . . Sie sollten . . . gemeinsam mit dem Heiligen Vater nach Kräften die Wölfe und fleischgewordenen Teufel unter den Hirten vernichten. Sie haben ja nichts wie gutes Essen, schöne Paläste und Pferde im Kopf. . . . Sagen Sie dem Heiligen Vater, daß er solchen Gottlosigkeiten ein Ende setzt und bei Ernennungen von Bischöfen und Kardinälen nicht durch Schmeicheleien, durch Geld und Simonie sich leiten lasse. Bitten Sie ihn, . . . er möchte doch auf Tugend und guten, heiligen Ruf achten, nicht auf Adel und Reichtum.«[12]

Auch dem Papst selbst – Gregor XI. – hat sie wiederholt geschrieben, und das mit einem Freimut, der Adrienne von Speyr sagen läßt: »Die Katharina von Siena bewundere ich auch sehr. Ihren Mut, einfach so an alle Leute zu schreiben. Ich hätte das nicht gewagt. Und die Päpste so anzufahren. Stellen Sie sich vor, ich würde mich heute hinsetzen und dem Papst schreiben, was ich von ihm halte und was er anders machen sollte. Und den Bischöfen und sonstigen Obrigkeiten.«[13]

Wozu sie den Papst auffordert, ist vor allen Dingen, daß er von seinem Exil in Avignon – das Avignonsche Exil der Päpste dauerte seit 1305/09 an – nach Rom zurückkehrt. Und von seiner Rückkehr nach Rom erwartet sie

– eine Reform der Kirche:

> *»Zunächst sollen Sie im Garten der heiligen Kirche, dessen Hüter Sie sind, die stinkenden Blumen ausrotten, die voll Schmutz und Gier und vom Stolz aufgebläht sind. Das sind die schlechten Hirten und Hüter, die diesen Garten verpesten und ihn verfallen lassen.«*[14]

– den Frieden für Italien:

> *»Bringen Sie uns Unglücklichen den gestörten Frieden wieder. Ich sage es Ihnen, geliebter Christus auf Erden, im Auftrag des Christus im Himmel.«*[15]

Welch ein Anspruch! Im Auftrag des Christus im Himmel maßregelt sie den Christus auf Erden, wie sie den Papst nennt.

– die Vorbereitung und möglichst auch Durchführung eines neuen Kreuzzugs. Dieses dritte Anliegen ist uns Heutigen kaum begreiflich. Aber Katharina gab sich der Hoffnung – oder muß man sagen: der Illusion? – hin, die zerstrittenen italienischen Städte durch ein solches gemeinsames Ziel wieder einen und schließlich sogar die »Ungläubigen« bekehren zu können. Darum schrieb sie dem Papst:

> *»Richten Sie das Banner des heiligen Kreuzes auf. . . . So werden wir . . . wieder befreit werden von all dem Krieg und dem inneren Zwist und der Gottlosigkeit, und die Ungläubigen werden den Glauben erlangen.«*[16]

Aus diesen drei Gründen ergeht ihr immer dringender werdender Appell an den Papst:

»Verzögern Sie Ihre Rückkehr nicht . . . . Antworten Sie auf den Ruf des Heiligen Geistes. Ich sage Ihnen, kommen Sie, kommen Sie!«[17]

»Sie fragen mich, wann Sie kommen sollen. Ich antworte Ihnen im Auftrag Christi, des Gekreuzigten: Kommen Sie so rasch wie möglich . . . . Kommen Sie männlich tapfer und ohne Furcht! Und allein, . . . ohne Kriegsmacht, nur mit dem Kreuz in der Hand, wie ein sanftes Lamm. Nur so werden Sie den Willen Gottes erfüllen, sonst aber würden Sie ihn mißachten.«[18]

Noch nicht einmal dreißig Jahre ist sie alt, und schon erkühnt sie sich, in dieser Weise dem Papst zu schreiben – überheblich? eingebildet? oder ihrer Sendung bewußt? Sie also kennt – und niemand bringt sie davon ab – den Ruf des Heiligen Geistes. Sie weiß, was der Wille Gottes ist. Und sie ist felsenfest davon überzeugt, im Auftrag des Gekreuzigten zu handeln.

»Im Namen Jesu, des Gekreuzigten« schreibt sie nicht nur hier. So beginnt sie alle ihre Briefe. Von daher bezieht sie ihre Autorität, die sie nicht minder selbstbewußt und nicht minder fordernd auch anderen Großen dieser Erde ins Gewissen reden läßt.

Florenz schickte Katharina als Vermittlerin an den päpstlichen Hof in Avignon. Auf Florenz, das eine antipäpstliche Liga gegründet hatte, lastete als Gegenmaßnahme das päpstliche Interdikt. Davon wollte man befreit werden. Wer hätte das besser erreichen können als diese Frau, deren Einsatz für den Frieden von allen Anerkennung fand! Sie trat die Reise an – begleitet von etwa zwanzig ihrer Anhänger und ihrem Beichtvater Raimund von Capua. Dieser fungierte auch als Dolmetscher; der Papst sprach lateinisch, Katharina ihren Sieneser Dialekt. Raimund von Capua schreibt in seiner »Legenda maior«:

»Ich erinnere mich noch gut mancher Gespräche, die unser Herr,

Papst Gregor XI., dessen Andenken uns teuer ist, mit Katharina geführt hat. . . . In einer dieser Audienzen klagte Katharina über den päpstlichen Hofstaat, denn sie müsse an ihm statt der paradiesischen Düfte eines heiligen Lebens den Gestank aller höllischen Laster einatmen. Der Papst fragte mich sogleich auf lateinisch, wann sie denn an den päpstlichen Hof gekommen sei. Ich antwortete, das läge erst ganz wenige Tage zurück. Da wandte er Katharina ein:,Wie willst du nach ein paar Tagen schon die Zustände am Hof beurteilen!' Katharina, die bis dahin klein und unscheinbar dagestanden war, richtete sich unversehens hoch auf (mir fiel plötzlich die Würde an ihr auf), und mit fester Stimme erwiderte sie:,Ich bekenne furchtlos, da es um die Ehre des allmächtigen Gottes geht, daß die Sünden des päpstlichen Hofes bis nach Siena stinken, von wo ich herkomme, und mir dort mehr Ekel einjagen als den Leuten hier, die sich mit ihnen besudelt haben und sich noch weiter besudeln!' Während der Papst verstummte, geriet ich vor Staunen außer mich; in einem fort mußte ich in meinem Herzen erwägen, mit welchem Freimut Katharina dem höchsten Priester der Kirche geantwortet hatte. Ich habe das nie mehr vergessen.«[19]

Vor allem aber beschwört sie ihn: Kommt nach Rom zurück, und das mit dem Kreuz in der Hand, nicht mit einem Söldnerheer. Der Papst fügt sich und kehrt zurück. Damit ist das Avignonsche Exil der Päpste – ihre »Babylonische Gefangenschaft« – zu Ende. Dank Katharina.

Doch ihr Erfolg wurde geschmälert. Erfolg ist eben doch keiner der Namen Gottes. Der Papst kam nicht waffenlos. Ein Söldnerheer von zweitausend Mann hatte er aufgeboten. Es benahm sich, wie man es von Söldnern nicht anders erwarten kann. Außerdem fühlte sich der Papst in Rom nicht wohl. Er erwog sogar die Rückkehr nach Avignon. Nie mehr werde er einer weiblichen Prophetin Glauben schenken, soll er kurz vor seinem Tod voller Bitterkeit geäußert haben.[20]

Der Papst stirbt. Sein Nachfolger – Urban VI. – ruft Katharina nach Rom. Sie soll ihn gegenüber dem Gegenpapst stützen, den vor allem die französichen Kardinäle gewählt haben. Katharina gehorcht. Sie tritt für Urban VI. ein, wo immer und wie immer sie kann. Sie schreibt den Kardinälen, die zum Gegenpapst stehen. Sie schreibt der Königin Johanna von Neapel. Sie schreibt dem König von Frankreich. Und sie schreibt wiederholt an Urban VI. selbst.

Doch ihr Engagement ist vergebens. Sie kann das Schisma nicht rückgängig machen. Und sie muß zusehen, wie von den Zielen, deretwegen der Papst nach Rom zurückkehren sollte, keines erreicht wird: Italien findet nicht zum Frieden – auch wenn Kirchenstaat und Florenz sich einigen und Florenz vom Kirchenbann befreit wird.

Katharinas Tod
Aus der »Legenda maior« des Raimund von Capua, Siena 1524.

Die innerkirchliche Reform läßt auf sich warten. Der von ihr gewünschte Kreuzzug kommt nicht zustande.

So stirbt Katharina am 29. April 1380 in Rom – als Gescheiterte, nicht als Triumphierende: auch im Tode noch ein Abbild ihres gekreuzigten Herrn. Ihr Leib wurde in der Dominikanerkirche *Santa Maria sopra Minerva* in Rom beigesetzt. Nur ihr Haupt und später auch noch eine Rippe – so war das damals – kehrten nach Siena zurück.

WAS SIE SAH UND SAGTE

Für die Worte, die Katharina gesprochen hat, gilt dasselbe wie für die Bilder, die sie uns beschrieben hat: Sie können nur höchst unzulänglich das Erfahrene wiedergeben.

»Was der Geist gewahr wird, wenn Gott ihn entrückt und festigt und erleuchtet, das überragt ja so himmelhoch alles, was unsere Sprache ausdrücken kann. Es sind wahrhaftig zwei schier unvereinbare Welten.«[21]

»Es ist ein solcher Unterschied zwischen dem, was der von Gott entrückte, erleuchtete und gestärkte Verstand erkennt, und dem, was man mit Worten ausdrücken kann, daß es einander geradezu auszuschließen scheint.«[22]

»Stotternd und stammelnd bringe ich nur über meine Lippen ›A a‹.«[23]

So gesteht sie selbst. Und doch legt sie von dem Gehörten und Geschauten Zeugnis ab, diktiert Hunderte von Briefen, obwohl sie selbst nicht schreiben konnte und erst, als sie schon mehr als zwanzig Jahre alt war, lesen lernte. Sie forderte ihre Schreiber auf, »bereitzustehn, wenn sie ihr anmerkten, daß sie in Entrückung war, um alles aufzuschreiben, was sie aus ihrem Mund vernahmen«[24]. So berichtet uns Raimund von Capua und fügt hinzu, daß Katharina geradezu »den Zwang fühlte, das alles schriftlich niederzulegen« – ganz wie Paulus. Auch dieser »vernahm unsagbare Worte, die ein Mensch nicht aussprechen kann« (2 Korinther 12,4) und mußte doch bekennen: »Weh mir, wenn ich das Evangelium nicht verkünde« (1 Kor 9,16).

Katharina konnte das Himmlische nur in irdischen Gefäßen darreichen. Sie konnte sich nur in ihrem Sieneser Dialekt äußern – eine andere Sprache sprach sie nicht –, und sie mußte die Denkkategorien, Vorstellungsmuster und Begriffe der damaligen Theologie benutzen. Und diese waren ihr aus Predigten, Andachtsbüchern, Gesprächen mit ihren Beichtvätern vertraut. Unschwer wird man daher in ihren Aussagen die Ausdrucksweise des Thomismus wiedererkennen, so wie er damals bei den Dominikanern gelehrt wurde und wie er uns heute weitgehend fremd geworden ist. Ebenso leicht ist es festzustellen: Das eine ist eine Idee, die von Augustinus stammt, und jenes eine theologische Lehrmeinung, die auf Anselm von Canterbury zurückgeht.

Und doch besteht ein himmelweiter Unterschied zwischen dem, was die Schulbücher hergeben, und dem, was wir von Katharina erfahren. Es ist eben etwas anderes, ob man, einen Lehrsatz zitierend, sagt: »Gott ist gut«, oder ob man sagt: »Du, mein Gott, bist gut« und: »Du bist gut zu mir, der kleinen Katharina Benincasa«. Es besteht ein elementarer Unterschied zwischen der Aussage: »Gott hat die Welt aus dem Nichts erschaffen« und dem Bekenntnis: »Du bist alles – ich bin nichts«, oder wie Katharina wörtlich betete: »Du, ewige Gottheit, bist das Leben, und ich bin der Tod, Du die Weisheit und ich die Torheit, Du das Licht und ich die Finsternis.«[25]

Etwas ganz und gar anderes sind eben auswendiggelernte Sätze und das eigene Bis-ins-Mark-Betroffensein. »Tetigisti me – et exarsi« – »Du hast mich angerührt, mein

Gott, und ich bin entflammt.«[26] So bekennt der große Augustinus, und eben das spürt man auch in Katharinas Werken: die Glut, das Feuer, das Hingerissensein. »Was ist meine Natur?« fragt sie ihren Gott und gibt sich selbst die Antwort. »Feuer ist sie, weil Du selbst nichts anderes bist als ein Feuer der Liebe.«[27]

Dies und nichts anderes will sie sagen: Wer Gott begegnet, begegnet dem Feuer der Liebe selbst, einem, der verrückt ist vor Liebe: *un pazzo d'amore*, ein Narr der Liebe, so nennt ihn Katharina immer wieder. Darum kann man ihm auch nicht anders antworten als mit ebenso verrückter Liebe. Und dies bekennt eine Frau, die ständig vor Augen hatte, wie die irdische Wirklichkeit aussah: Pest, Aussatz, Armut, Ungerechtigkeit, Krieg, Tod und eine Kirche, deren Verkommenheit zum Himmel schrie. Und da sagt sie: Der, der das alles trägt und zu veranworten hat und obendrein zu einem guten Ende führen will, ist *un pazzo d'amore*!

In einem ihrer Briefe an Papst Gregor XI. findet sich der Satz: »Der Mensch ist ja aus Liebe und zur Liebe geschaffen.«[28] Dieser Satz klingt wie eine Zusammenfassung ihrer Botschaft. Und alles andere, was sie sagt, ist im Grunde nur ein Entfalten dieses einen Satzes. Das soll im folgenden gezeigt werden – nicht mit den dürren Worten der Schultheologie, sondern mit den ansteckend glühenden Worten Katharinas selbst.

Der zitierte Satz Katharinas enthält zweierlei, zum einen: Gott ist die Liebe; aus Liebe hat er uns erschaffen, und aus Liebe hat er uns erlöst, und zum anderen: Der Mensch ist zur Liebe bestimmt.

Gott ist die Liebe

»O unergründliche und unendlich süße Liebe![29] *– »O ewiger Vater! O Feuer und Abgrund der Liebe! O ewige Schönheit, ewige*

Weisheit, ewige Güte, o ewige Milde, Hoffnung, Zuflucht der Sünder, o unermeßliche Fülle, ewiges und unendliches Gut, o du Narr der Liebe!«[30]

So sieht das für Katharina aus! Und konkret heißt das eben:
Aus Liebe hat Gott uns erschaffen.
Aus Liebe hat Gott uns erlöst.

»O höchstes und ewiges Gut..., Feuer der Liebe..., immerfort ist es Liebe, die Dich trieb und antreibt, uns nach Deinem Ebenbild zu schaffen.«[31]

»Es scheint, als wärest Du verrückt geworden nach Deinen Geschöpfen, wie wenn Du ohne sie nicht leben könntest.«[32]

Gott, der uns schuf, ist es auch, der uns im Dasein erhält und der alles, was uns widerfährt, zu unserem Besten lenkt. Auch davon ist Katharina ganz und gar durchdrungen.

»Weil Du Dich in Dein Geschöpf verliebt hast, ... bist Du wie berauscht von der Sorge um sein Heil.«[33]

»Alles, was Ich zulasse, alles, was Ich euch gebe, Heimsuchungen oder Tröstungen geistlicher oder weltlicher Art, alles geschieht nur zu eurem Besten.«[34]

So hört Katharina den Herrn einmal sagen. Und auch das hat ihrer festen Überzeugung nach Gott ihr anvertraut,

»daß alles, was Ich tue, aus Vorsehung geschieht, und einzig um dem Menschen sein Heil zu verschaffen.«[35]

»Und warum lasse Ich die Seele in solcher Betrübnis und Drangsal...?... damit sie... auf Mich und nicht auf sich vertraue.«[36]

Ihren Brüdern schreibt Katharina daher:

»Setzt Eure Hoffnung auf Gott und traut diesem vergänglichen zerrinnenden Leben nicht.«[37]

Und das zweite: Der, der uns aus Liebe schuf, hat uns auch aus Liebe erlöst – um unseretwillen, nicht um seinetwillen.

Katharina räsonniert nicht, warum die Sünde in die Welt kommen konnte. Voll Dankbarkeit ruft sie vielmehr:

>*O ewige Dreieinigkeit, Du Liebesnarr, welchen Nutzen hattest Du von unserer Erlösung? Keinen, denn Du brauchst uns nicht, weil Du unser Gott bist. Wem kam es nun zugute? Einzig dem Menschen.*<[38]

>*O gute, o ewige Erhabenheit, Du hast Dich niedrig und klein gemacht, um den Menschen zu erhöhen.*<[39]

Das will Katharina sagen: Das Niedrige ist jetzt verwandelt, auch und gerade das Leid. Es ist jetzt das, was der menschgewordene Gott auf sich genommen hat. Denn so hat Gott die der Sünde verfallene Welt errettet: Durch die Erniedrigung seines Sohnens hat er das Niedrige, Gemeine, Schmerzhafte ihm gleich gemacht. Ganz gewiß hätte Gott einen anderen Weg wählen konnen. Er hätte die Mächte der Finsternis zerstören, Leid und Tod schon jetzt von uns nehmen, diesen Umweg zur Vollendung sich und uns ersparen können. Aber er tat es nicht – wie jeder selbst sehen und erfahren kann. Er hat Leid und Tod verwandelt – wie Katharina im Glauben bekennt:

>*Mit meiner Kraft, der Kraft Gottes selbst*< – so hört sie den Herrn sagen – >*hätte ich alle Mächte der Luft ins Nichts sinken lassen oder ihnen auf andere Weise ihre Ohnmacht zu fühlen geben können. Doch ich habe sie mit meinem Kreuz allein überwinden wollen.*<[40]

>*O ewige Güte*<, jubelt Katharina, >*was hast du getan! Aus der Sünde ziehst du Kraft zum Guten, aus der Schwäche weckst du Stärke, was dich kränkt, deckst du mit deiner Gnade zu, und was dir mißfällt, wandelst du um, bis es dich freut!*<[41] Denn >*Gottes barmherziger Wille zu verzeihen ist größer als unsere Neigung zu sündigen*<[42], – weil >*der ewige Wille Gottes nichts anderes sucht, nichts anderes will als unsere Heiligung.*<[43]

Katharina hat – dessen war sie gewiß, und davon war sie
ganz erfüllt – Gott als Liebe erfahren. Gott hat sie ange-
schaut und angesprochen als Liebe, die nach Antwort ruft,
die auf Antwort wartet, die Gegenliebe will und Gegenliebe
weckt.

Und Katharina erfuhr an sich selbst: So, in der Liebe, erfüllt und vollendet sich das Menschsein. So wird der
Mensch, wie er sein soll. So findet er sein Glück.

Die Gottesliebe aber schließt die Menschenliebe ein.
Sich dem Menschen zuwenden heißt doch, sich dem zuwenden, in den Gott selbst närrisch verliebt ist – *come un
pazzo.*

Menschenliebe heißt gewiß, Armen und Bedürftigen
helfen. Es heißt aber auch: sich für das Gemeinwesen engagieren, sich ganz konkret einsetzen für Frieden und Gerechtigkeit. Doch es heißt nicht minder, sich in der Kirche
und für die Kirche engagieren.

Katharina hat dies durch ihr lebendiges Beispiel gezeigt.
Und sie hat es in ihren mitreißenden Worten noch einmal
ausdrücklich gesagt:

Der Mensch ist Gott Liebe schuldig.

Gott lieben heißt, den Menschen lieben.

Katharina – das ist das erste – betet:

*»Du liebst die Seele aus Gnade, weil Du sie schon geliebt hast,
bevor sie war. Sie aber liebt Dich, weil sie es Dir schuldig ist.«*[44]

Das zweite – Gott hat ihr und uns gesagt:

*»Von jedem Menschen erwarte ich ... Liebe zum Nächsten, je-
der soll für den Mitmenschen nach Kraft und Bedürfnis Sorge
tragen und für ihn beten.«*[45]

Und als Aufforderung zur Liebe soll der Mensch die unterschiedliche Begabung und, damit verbunden, die unterschiedliche Bedürftigkeit aller sehen:

> »Damit ihr also – sagt Gott –... die Liebe übt..., hat Meine Vorsehung nicht dem einzelnen und jedem Menschen für sich all das Wissen und die Kunst verliehen, die für das gesamte Menschendasein erforderlich sind, sondern der eine kann dies, der andere jenes, so daß einer sich in der Not an den anderen halten kann. Deshalb siehst du, daß der Baumeister den Handwerker braucht und dieser den Baumeister, jeder ist auf den anderen angewiesen, weil der eine nicht zu tun vermag, was der andere kann.«[46]

Das aber gilt auch für die Kirche. Darum hört Katharina Gott weiter sagen:

> »So bedarf der Kleriker und Ordensmann des Laien und der Laie des Ordensmanns. Keiner kommt ohne den anderen aus.«[47]

In und nach dem Zweiten Vatikanischen Konzil konnte man in diesem Jahrhundert ebenfalls hören, daß der Kleriker des Laien bedarf. Dieser Grundsatz wurde auch in der Kirchenkonstitution eigens formuliert. Aber dies sagte bereits – vor fünfhundert Jahren – eine Frau des 14. Jahrhunderts! Es war eine geradezu revolutionäre, eigentlich nur von Aufrührern (»Ketzern« sagte man damals) geäußerte Behauptung. Aber Katharina sagte es, und uns soll sie nach dem Willen Papst Pauls VI. als Kirchenlehrerin belehren.

Wie sieht das in ihren Augen denn aus, daß der Laie für die Kirche da ist und der Kleriker auf ihn nicht verzichten darf? Es bedeutet:

(1) Laie-sein ist das eigentliche, allen gemeinsame Kirche-sein. Laie-sein heißt: zum Volk (griech.: laós) Gottes gehören.

(2) Aufgabe des Laien ist es, das Wort zu ergreifen, einmal, um auf Mißstände in der Kirche hinzuweisen, und zum anderen, um die Laien daran zu erinnern, daß sie der Kleriker ebenso bedürfen wie diese der Laien.

(3) Laie-sein heißt, Miterlöser mit Christus zu sein und durch das Mit-Leiden mit Christus sein eigenes Heil und das Heil der anderen – recht verstanden – zu »verdienen«. Wobei Verdienen-können reines Geschenk der Güte Gottes ist; wenn Gott menschliches »Verdienst« zuläßt, entspringt dies seiner Gnade.

Zum einen: »Diese Kirchenlehrerin [Katharina] lebt aus der... Kindschaft, mit der sie die anderen Kinder derselben Mutter anspricht.... Sendung also aus nichts anderem als aus der Taufe heraus, *vor* allem ordo und ihn begründend. Dies ist auch der Ort, an dem einer für den anderen stehen kann: Stellvertretung aller Wiedergeborenen füreinander.«[48] So schreibt Hanna-Barbara Gerl-Falkowitz und fährt etwas später fort:»Caterinas Gültigkeit: den gleichen Adel aller in der Kirche,... die gleiche... Kindschaft aller begriffen zu haben.«[49]

Zum anderen: Katharina ergriff als Laie und Nicht-Kleriker das Wort. Dabei geißelte sie die Mißstände in der Kirche, als sei sie – wie ein zweiter Johannes der Täufer – eigens dazu gesandt, Buße und Umkehr zu predigen.

> *»Wir müssen den Fußspuren Christi folgen,« schreibt sie, »wie es die guten und heiligen Hirten taten zu der Zeit, als es in der frühen Kirche Überfluß an guten Hirten gab. Diese... gaben sich nicht den Vergnügungen hin, prunkten nicht mit kostbaren Palästen, mit einem Troß von Dienern und schönen Pferden, wie die heutigen Hirten es halten, die... sich nicht um die Seelen kümmern.«[50]*

Aber Katharina vergaß nicht, daß der Laie des Klerikers bedarf. Einem Priester in Semignano schreibt sie:

> *Lieber Vater, in Ehrfurcht vor diesem Sakrament, das Ihr verwalten dürft, schreibe ich, Katharina, Euch . . . . Ihr dürft uns das Feuer der göttlichen Liebe vermitteln, das Fleisch und das Blut des gekreuzigten Christus.*«[51]

Katharina, die drei Kardinälen furchtlos schreiben konnte, »Engel auf Erden solltet Ihr sein, um uns vor dem höllischen Teufel zu retten . . . . Nun seid Ihr selber Teufel geworden!«[52], dieselbe Katharina sagt auch:

> *Selbst wenn die Hirten und der irdische Christus [das heißt der Papst] fleischgewordene Teufel wären statt eines gütigen Vaters, wir müßten uns ihm unterwerfen und gehorchen, nicht seinetwegen, sondern Gottes wegen.*«[53]

Katharina konnte bei aller Kritik zwischen dem Amt und den Trägern des Amtes unterscheiden.

Schließlich zum dritten: Einen großen Raum nimmt bei ihr die Aufgabe des Mit-Leidens ein – in ihrem Leben und in ihren Schriften. Sie sieht im Leid den Weg zur Herrlichkeit, so wie auch Christus ihn gegangen ist, und den Weg zum Heimführen der vielen anderen.

> *Vergeßt nicht*«, hörte sie den Herrn ihr sagen, »*was mein Apostel euch eingeschärft hat: Wer mir in den Leiden seines Lebens ähnlich wird, der wird mir auch . . . in der Herrlichkeit ähnlich werden.*«[54]

Darum konnte Katharina ihrer Mutter schreiben:

> *Denn die in diesem Leben Verfolgung und Trübsal leiden, werden dann gesättigt, getröstet und erleuchtet werden in der ewigen Gottesschau.*«[55] Und: »*Wir nehmen alle Schmähungen, allen Spott und Verrat . . . um des Heiles der Seelen willen gern auf uns.*«[56]

All das, was Katharina widerfuhr, was sie tat und was sie
sagte, weckt die eine Frage: Wie ist so etwas möglich? Diese
unscheinbare junge Frau scheut sich nicht, ohne jedes
kirchliche Amt im Namen Jesu, des Gekreuzigten, Päpste,
Kardinäle, Könige zur Rede zu stellen. Oder müssen wir sagen: Gott scheut sich nicht, durch den Mund dieser un-
scheinbaren jungen Frau ohne Amt, ohne Würde, ohne
kirchliche Beauftragung Päpste und Könige zur Rechen-
schaft zu ziehen? Und müssen wir darum sagen: Sie ist
Mund Gottes, Gefäß, von Gott gefüllt, Werkzeug, dessen
Gott sich bedient? Wäre das die Antwort auf die eingangs
gestellte Frage: Was ist Katharina von Siena – und wer ist sie?

Tatsächlich hatte Papst Pius II. 1461 bei ihrer Heiligsprechung betont: »Ihre Lehre war eingegossen, nicht er-
worben«[57] – und hinzugefügt: »Sie war mehr Lehrerin als
Schülerin, so daß sie Professoren und selbst Bischöfen
großer Kirchen die schwierigsten, die Gottheit betreffen-
den Fragen mit großer Weisheit beantwortete und diesel-
ben so vollkommen befriedigte, daß sie, die wie Wölfe und
wilde Löwen gekommen waren, wie gezähmte Lämmer von
ihr gingen.«[58]

Darum schrieb auch ihr Biograph, Raimund von Capua,
»daß Gottes Kraft in Katharina wohnte«[59], denn »der Geist
des Herrn erfüllte sie mit Macht.«[60]

Ob das die Antwort ist? Und zugleich die Botschaft, die
sie zu verkünden hat? Nicht, daß eine Frau die Männer in
die Schranken gewiesen hat, sondern Gott in ihr und
durch sie in jenem schrecklichen und turbulenten Jahrhundert und in dieser heruntergekommenen Kirche an-
wesend war? Gott, der unbegreifliche, unendlich andere
Gott, der das Schwache erwählt, um das Starke zu beschämen, der ein Kind erwählt, um die Erwachsenen zu be-

schämen, der eine Frau erwählt, um die Männer zu beschämen, der eine Analphabetin erwählt, um die Gelehrten zu beschämen, der einen Laien erwählt, um die Kleriker zu beschämen?

Das kann wohl nicht die ganze Antwort sein – und nicht
die ganze Katharina. Es kommt ihr Ja hinzu, ihre Zustim-
mung zu dem, wozu der, den die Päpste und ihre Biographen Gott nennen, sie auserwählt hat. Ihre Bereitschaft,
diesen Gott ihr alles sein zu lassen und selbst nichts zu sein.
Darum sagt sie – wie ihr Herr – »nicht mein, sondern dein
Wille geschehe« und fügt hinzu:

»Ich bin nicht, doch du bist der, der ist.«[61]

Der Wille, nur Gott ihr ein und alles sein zu lassen, und nur
Gott durch sie wirken zu lassen, läßt sie sich selbst vergessen: »Du, ewiger Gott, wolltest, daß ich mich selbst ganz
aufgäbe.«[62] Jede Regung der Eigenliebe will sie ersticken.
Darum entzieht sie sich Speise, Trank und Schlaf, geißelt
sich und begrüßt Krankheit und Schmerzen, die sie bis zu
ihrem bitteren Todesleiden in überreichem Maße ertragen
muß.

Auch Jesus hatte sein Ja gesagt zu dem Leid, das ihm widerfahren sollte: »Mußte nicht der Messias all das erleiden,
um so in seine Herrlichkeit zu gelangen?« fragte er die
Emmausjünger (Lukas 24,26). Ja, er mußte. Und die, die
ihm anhangen, müssen es gleicherweise: »Durch viele
Drangsale müssen wir in das Reich Gottes gelangen«, sagt
der gleiche Lukas in der Apostelgeschichte (14,21).

Ob es das ist, was Katharina sagen und leben wollte? Daß
auch das Leid seinen Sinn hat in Gottes Heilsplan? Sie sagt,
Gott liebe sie – und zugleich: Er sei es, der ihr Krankheit,
Leid und Mißerfolge schicke.

Wir suchen Antwort auf Fragen, die kein Ende nehmen
wollen. Man sagt uns, die Antwort laute Gott. Doch Gott se-

Toskanische Landschaft

hen wir nicht. An Gottes Stelle finden wir aber diese Frau. Sie hat unter uns gelebt. Ihre Schriften kann ein jeder nachlesen. Und für sie war Gott beseligende und zugleich sie selbst verzehrende Wirklichkeit. Für sie war Gott da – als der, die die Kerze anzündet, damit sie die Dunkelheit der Nacht erhelle und damit sie – auch das war Gottes Werk – sich selbst restlos verzehre.

Wenn wir an Gottes Stelle Katharina finden, wie ist dann Gott?

Dann ist er einer, der gibt, und einer, der nimmt.

Dann ist er einer, der beglückt, und einer, der schmerzt.

Dann ist er ähnlich wie Katharina: uns bleibend fremd.

Benedikt von Nursia

Der heilige Benedikt
Miniatur aus dem 11. Jahrhundert aus der Handschrift
»S. Gregorii Moralium Libri«, die in der Bibliothek des
Klosters Montecassino verwahrt wird.

Sein Lebensweg

Franz, Clara und Katharina stimmen in einem Punkte überein: Sie wirken – von heute aus gesehen – maßlos, übertrieben, ja exzentrisch. Sie sind – wie Franziskus von sich selber sagt – Narren in dieser Welt. Und wer will es Gott verwehren, in dieser Weise in der Welt zu wirken und zu der Welt zu sprechen!

Doch wer will es Gott verwehren, auch in anderer Weise in dieser Welt zu wirken und zu dieser Welt zu sprechen – so, wie er es durch Benedikt tat. Denn Benedikt ist der Mann der Besonnenheit, des Maßes, des Friedens. So steht er vor uns: abgeklärt, überlegen, ein Fels in der Brandung.

Im Jahre 480 soll er geboren sein und 547 gestorben. Genaueres weiß man nicht. Um 500 hat er gelebt – wenigstens dies wissen wir: in der Zeit, als das weströmische Kaisertum mit der Amtsenthebung des letzten Kaisers Romulus Augustulus zu bestehen aufgehört hatte, als die Plünderungen Roms durch die Westgoten und durch die Vandalen noch nicht vergessen waren, als zuerst der germanische Heerführer Odoaker und dann der Ostgotenkönig Theoderich die Herrschaft über Italien an sich riß. Kurz: in der Zeit, als in Italien Chaos, Unsicherheit und Angst vor der Zukunft herrschten.

Da tritt uns jener Mann entgegen, der den Namen Benediktus (= der Gesegnete) trägt. Er wollte nichts weiter, als Gottes Wege gehen, so wie er sie im Evangelium vorgezeichnet fand. Und er wollte anderen helfen, die gleichen Wege zu gehen. Mehr nicht. Ein einziges Kloster gründete er, das Bestand hatte. Doch aus dem einen Kloster wurden Hunderte. Ganz Europa war eines Tages übersät mit Klöstern, die der von Vater Benedikt verfaßten Regel folgten. Sie prägten der sich herausbildenden neuen abendländisch-christlichen Zivilisation ihren Stempel auf. Und eintausendvierhundert Jahre nach seinem Tod, 1947, wird ihn ein römischer Papst – Pius XII. – den Vater des Abendlandes heißen, und wenige Jahre später, 1964, wird ihn ein anderer Papst, Paul VI., zum Patron Europas ernennen. Weshalb? Das sagt Papst Paul VI. gleich in den ersten Sätzen seiner Verlautbarung:

> *»Botschafter des Friedens, . . . Lehrmeister der Kultur, vor allem aber Herold der Religion Christi . . .: Das sind mit Recht die erhabenen Titel des heiligen Abtes Benedictus.*
> *Als das kraftlos gewordene Römische Reich zusammenbrach und andere Teile Europas ins Dunkel zu stürzen schienen, während wieder andere noch ohne jede Zivilisation und ohne geistige Werte waren, trug er mit beständigem und hingebendem Einsatz dazu bei, über diesem unseren Kontinent die Morgenröte einer neuen Zeit aufgehen zu lassen. Vor allem er und seine Söhne brachten mit Kreuz, Buch und Pflug christlichen Fortschritt zu den Völkerschaften vom Mittelmeer bis Skandinavien, von Irland bis zu den Ebenen Polens.«*[1]

Die einzige Lebensbeschreibung Benedikts, die wir besitzen, stammt von Papst Gregor dem Großen (540–604). Dieser sah in Benedikt vor allem den Mann Gottes. So stellte er ihn dar, gestützt auf das Zeugnis von vier Mönchen, die Benedikts Schüler waren, und geleitet von der Absicht, in einer Zeit der Wirrnis seinen Lesern zu sagen: Gott ist nicht tot. Seine Heiligen bezeugen es.

Gregor ist daran gelegen, das ganze Leben Benedikts als einen Aufstieg darzustellen – von der dunklen Höhle bei Subiaco bis in die lichten Höhen des Montecassino, von dem Ort des Fragens, des Suchens, des Angefochtenwerdens von Zweifeln und Versuchungen bis hin zum Ort des Sich-in Gott-geborgen-Wissens.

Dabei hebt Gregor all das hervor, was in seinen Augen für das Leben eines Heiligen kennzeichnend ist: Seine Gebete finden Erhörung, Gott wirkt durch seine Hand Wunder, der Teufel bemüht sich vergebens, ihn in Versuchung zu führen, die Tugenden übt er in heroischem Maße, die Frommen bewundern ihn, die Bösen verfolgen ihn, der ewige Lohn ist ihm gewiß. Gregor will damit nicht sagen: Das alles, was hier aufgezeichnet wurde, ist historisch, es hat sich tatsächlich so und nicht anders zugetragen. Was er sagen will, ist vielmehr: Benedikt ist ein Heiliger. Das ist für Gregor das Eigentliche, das, was allein interessiert. Und ein Heiliger wirkt in seinen Augen eben Wunder und ist gegen Versuchungen gefeit.

Wir sind da nüchterner. Wir wollen keine Wundergeschichten. Wir wollen Fakten, etwas, woran wir uns halten können. Die Herausgeber der Benedikt-Biographie Gregors des Großen[2] haben versucht herauszuschälen, was als historisch zuverlässig gelten kann.

Geburt in Nursia (Umbrien), Studium in Rom, Flucht aus dieser Stadt »am Rande der sozialen und moralischen Auflösung«[3]. »Ich schäme mich, es zu sagen, aber ich darf nicht schweigen« – so wird Papst Leo I. zitiert –: »Die heidnischen Götzen werden mehr geehrt als die Apostel. Wahnwitzige Schauspiele werden fleißiger besucht als die Kirchen der heiligen Märtyrer.«[4]

Zwischenstation in *Effide*, um zusammen mit anderen ein Leben der Entsagung und der Buße zu führen. Um weltlichem Ruhm zu entgehen – man traute Benedikt Wunderkräfte zu – weitere Flucht nach *Subiaco*. Er will hier in einer der Felsenhöhlen das Leben eines Einsiedlers führen: Als erster Schritt auf dem Weg der Gotteserfahrung ist die

Benedikt wird von Romanus mit Nahrung versorgt
Fresko von Sodoma (1477–1549) im Kloster Monte Oliveto Maggiore.

Rückkehr des Menschen zu sich selbst (»*reditus in seipsum*«) notwendig.

In Subiaco bleibt er drei Jahre; ein dort lebender Mönch, Romanus, steht ihm zur Seite, besorgt ihm Kleidung, Speise und Trank. Benedikt bleibt nicht unbeachtet. Mönche im benachbarten *Vicovaro* wählen ihn zu ihrem Abt. Widerstrebend nimmt er an – allerdings nur für kurze Zeit. Dann kehrt er in seine Höhle zurück, um erneut »in sich selbst zu wohnen« – »*habitare secum*«[5], wie Gregor schreibt. Doch es kommen Schüler, Wißbegierige, Ratsuchende. Sie wollen so leben wie er. Es entstehen zwölf Klöster. Benedikt ist gewissermaßen ihr Oberabt. Dabei scheidet sich ganz schnell der Weizen von der Spreu. Denn der Gottesmann verlangt strikten Gehorsam, geistige und körperliche Arbeit, Teilnahme am gemeinsamen Gebet und Bereitschaft zur Abtötung.

Benedikt wird verehrt – und beneidet. Man will ihn gar vergiften. Da ergreift er die Flucht. Mit einigen Getreuen zieht er südwärts, hinauf auf einen hohen Berg bei der Stadt *Casinum*, der heute *Montecassino* heißt. Hier verbringt er den größten Teil seines Lebens. Hier wird er zum eigentlichen Klostergründer. Hier schreibt er seine Regel. Hier stirbt er. Hier befindet sich sein Grab.

Stätten, die an ihn erinnern

Nursia (Norcia)

Nursia, heute Norcia, rühmt sich, Geburtsstätte Benedikts zu sein. Es ist ein kleines, von hohen Mauern umgebenes Städtchen an der Straße von Spoleto nach Ascoli Picano in

Umbrien, landschaftlich sehr reizvoll unterhalb der Monti Sibillini gelegen. Die Stadtkirche und der Hauptplatz tragen den Namen *San Benedetto.* Dort, wo früher einmal das Elternhaus Benedikts gestanden haben soll, wurde im 14. Jahrhundert diese nach ihm benannte Kirche errichtet. Obwohl es wenig Erinnerungsstätten in Norcia gibt, hindert das die Einwohner nicht, stolz auf den großen Sohn ihrer Stadt zu sein, und Papst Johannes Paul II. suchte 1980 anläßlich des 1500. Geburtstages Benedikts seinen Geburtsort auf, um dort Eucharistie zu feiern.

MONTE OLIVETO MAGGIORE

Unvergleichlich mehr und intensiver erinnert an Benedikt die *Abbazia Monte Oliveto Maggiore,* die »Abtei zum großen Ölberg«, südlich von Siena, zwischen Asciano und Buonconvento auf einem Bergrücken gelegen, Sitz des Generalabtes der Benediktinerkongregation der nach eben diesem Kloster so genannten »Olivetaner«. Es ist eines der berühmtesten Klöster Italiens und zugleich das schönste der Toskana – schön wegen seiner Lage zwischen Bäumen und Büschen in hügeliger Landschaft und wegen seiner Baulichkeiten.

Diese entstanden in mehreren Phasen in der Zeit zwischen 1387 und 1514. Kurz zuvor, 1313, hatte sich ein bekannter Jurist und Universitätsprofessor aus Siena, Bernardo Tolomei, hierhin zurückgezogen. Angewidert von dem Niedergang der Kirche, deren Päpste nach Avignon gezogen waren und Rom und Italien schier vergessen hatten, wollte er zusammen mit einigen Gefährten ein Leben des Gebetes und der Arbeit führen. Als Richtschnur diente ihm dabei die Regel des Ordensvaters Benedikt. Bald fand er weitere Anhänger. Ein Kloster entstand, zunächst in bescheidenen Ausmaßen. Doch mehrmals wurden bauliche Erweiterungen notwendig. Zugleich nahm auch die Bedeutung dieses Klosters zu: Es wurde zu einem geistlichen und kulturellen Zentrum für die ganze Toskana und ist es geblieben. Jeder Besucher kann es schon nach kurzer Zeit spüren, mag er sich zur Mitfeier der Liturgie, zum Mitsingen des Stundengebetes oder zur stillen Meditation in die Basilika begeben, oder mag er die Gesamtanlage und die eindrucksvollen einzelnen Kunstwerke bestaunen.

Das gilt erst recht für einen Gang durch den großen Kreuzgang der Abtei. Dieser enthält an seinen vier Seiten insgesamt beachtliche fünfunddreißig Fresken. Sie stellen Szenen aus dem Leben Benedikts dar, so wie sie der Lebensbeschreibung Gregors des Großen zu entnehmen sind. Gemalt wurden sie zuerst (ab 1497) von Luca Signorelli (an der Westseite) und dann (an der Ost-, Süd-, und Nordseite) ab 1505 von Sodoma, dessen eigentlicher Name Giovanni Antonio Bazzi war. Diese Fresken zu betrachten ist sicherlich ein großes Kunsterlebnis. Die Themen der einzelnen Bilder sind jeweils in italienischer Sprache auf dem Fresko angegeben. Besonders erwähnt und durch die entsprechenden Passagen aus dem Buch Gregors des Großen beschrieben seien die folgenden:

(1) *Benedikt verläßt, begleitet von seiner Amme, das Haus seiner Eltern* (Fresko von Sodoma). Gregor schreibt:

»Es lebte ein verehrungswürdiger Mann. Er hieß Benedictus. ... Er stammte aus angesehenem Geschlecht in der Gegend von Nursia. Zu Ausbildung und Studium wurde er nach Rom geschickt. Dabei sah er viele in die Abgründe des Lasters fallen. Deshalb zog er den Fuß, den er gleichsam auf die Schwelle zur Welt gesetzt hatte, wieder zurück. ... Er wandte sich also vom Studium der Wissenschaften ab. ... Gott allein wollte er gefallen. ... So ging er fort: ... ungelehrt, aber weise.«[6]

(2) *Benedikt fügt ein zerbrochenes Sieb wieder zusammen* (Fresko von Sodoma). Gregor schreibt:

»Er gab also das Studium der Wissenschaften auf und war entschlossen, in die Einsamkeit zu gehen. Nur seine Amme, die ihn sehr liebte, folgte ihm. Sie kamen nach Effide und blieben bei der Kirche des heiligen Petrus. Dort führten viele angesehene Männer ein Leben in Gemeinschaft.

Die Amme erbat sich nun von Nachbarinnen ein Sieb, um Weizen zu reinigen, und ließ es unbekümmert auf dem Tisch liegen. Es fiel hinunter und zerbrach in zwei Stücke. Als die Amme zurückkam, bemerkte sie sofort, was geschehen war. Da begann sie heftig zu weinen, weil das Gerät, das sie ausgeliehen hatte, zerbrochen war. Als der junge Benedikt seine Amme weinen sah, hatte er Mitleid wegen ihres Kummers. Er nahm die beiden Teile des zerbrochenen Siebes und begann unter Tränen zu beten; denn er war fromm und liebevoll. Als er vom Gebet aufstand, fand er das Sieb neben sich unversehrt; es zeigte keine Spuren eines Bruches. Sogleich tröstete er die Amme mit freundlichen Worten und gab ihr das Sieb, das er zerbrochen an sich genommen hatte, unversehrt zurück.

Dieses Ereignis wurde dort allen bekannt und erregte solche Verwunderung, daß die Einwohner des Ortes das Sieb beim Eingang der Kirche aufhängten. Jetzt und später sollten alle erfahren, wie vollkommen der junge Benedikt in der Kraft der Gnade sein Mönchsleben begann. Viele Jahre war das Sieb dort vor aller Augen und hing noch bis zur Zeit der Langobarden über der Kirchentür.«[7]

(3) *Bei Subiaco erhält Benedikt von Romanus das Mönchsgewand* (Fresko von Sodoma). Gregor schreibt:

»Benedikt zog sich an einen einsamen Ort zurück, der

Sublacus heißt, ungefähr vierzig Meilen von Rom entfernt…. Auf der Flucht dorthin traf ihn unterwegs ein Mönch namens Romanus und fragte ihn, wohin er wolle. Als dieser den Wunsch Benedikts erfuhr, leistete er ihm Hilfe, ohne mit jemand anderem darüber zu sprechen. Er gab ihm das Gewand gottgeweihten Lebens und stand ihm bei, soweit er konnte. An dem genannten Ort angekommen, zog sich der Mann Gottes in eine ganz enge Höhle zurück und blieb dort drei Jahre. Kein Mensch außer dem Mönch Romanus wußte etwas davon.«[8]

(4) *Benedikt wird von Romanus mit Nahrung versorgt* (Fresko von Sodoma). Gregor schreibt:

»Romanus lebte nicht weit entfernt in einem Kloster unter der Regel des Abtes Adeodatus. In guter Absicht verschwand er ohne Wissen des Abtes an bestimmten Tagen für einige Stunden und brachte Benedikt das Brot, das er sich vom Munde absparen konnte. Vom Kloster des Romanus führte aber kein Weg zur Höhle Benedikts, weil der Fels oberhalb der Höhle steil aufragte. Romanus ließ daher das Brot immer von diesem Felsen an einem langen Seil hinab; an dem Strick befestigte er auch eine kleine Glocke, damit der Mann Gottes an ihrem Klang erkennen konnte, daß ihm Romanus das Brot brachte. Dann kam er heraus, um es anzunehmen. Doch der Alte Feind blickte mit Neid auf die Liebe des einen und auf die Stärkung des andern. Als er eines Tages sah, wie das Brot herabgelassen wurde, warf er einen Stein und zerschlug die Glocke. Romanus ließ sich aber nicht davon abbringen, nach Kräften zu helfen.«[9]

(5) *Hirten und Bauern aus der Umgebung suchen Benedikt auf* (Fresko von Sodoma). Gregor schreibt:

»Damals entdeckten ihn auch Hirten in der Höhle, wo er sich verborgen hielt. Als sie ihn mit Fellen bekleidet im Gestrüpp erblickten, meinten sie zunächst, er wäre

ein wildes Tier. Bald aber erkannten sie ihn als Diener
Gottes. Da ließen viele von ihrer rohen Gesinnung ab
und wandten sich der Gnade eines frommen Lebens zu.
Dadurch wurde sein Name in der Umgebung allen bekannt. So kam es, daß er schon damals von vielen aufge-
sucht wurde. Sie brachtem ihm Nahrung für den Leib
und nahmen in ihrem Herzen dafür aus seinem Mund
Nahrung für das Leben mit.«[10]

(6) *Mönche eines nahe gelegenen Klosters bitten Benedikt, ihr Abt
zu werden* (Fresko von Sodoma). Gregor schreibt:

»Nicht weit entfernt lag ein Kloster; der Abt dieser Gemeinschaft war gestorben. Alle Brüder kamen nun zum
ehrwürdigen Benedikt und baten ihn inständig, er möge
ihr Oberer werden.«[11]

(7) *Benedikt errichtet zwölf Klöster* (Fresko von Sodoma). Gregor schreibt:

»Es sammelten sich dort bei ihm viele Menschen, um
dem allmächtigen Gott zu dienen. So ließ Benedikt mit
der Hilfe des allmächtigen Herrn Jesus Christus zwölf
Klöster errichten. In jedes Kloster schickte er zwölf Mönche und setzte für jede Gemeinschaft einen Abt ein. Nur
wenige Mönche behielt er bei sich, die nach seinem Ur-
teil für seine persönliche Leitung und Weisung besonders empfänglich waren.«[12]

(8) *Mönche bitten Benedikt um Wasser, und Benedikt läßt sie eine
Quelle finden* (Fresko von Sodoma). Gregor schreibt:

»Drei Klöster, die Benedikt in dieser Gegend errichtet
hatte, lagen weit oben in den Felsen des Gebirges. Für
die Brüder war es sehr mühsam, jedesmal zum See hinabzusteigen, um Wasser zu schöpfen. Vor allem die steil
abfallende Bergwand war sehr gefährlich und machte ihnen beim Abstieg Angst. So kamen die Brüder aus diesen drei Klöstern gemeinsam zum Diener Gottes Benedikt. Sie sagten: ›Es ist sehr mühsam für uns, jeden Tag

Die Mönche bitten den heiligen Benedikt um Wasser
Fresko von Sodoma (1477–1549) im Kloster Monte Oliveto Maggiore.

zum See hinabzusteigen, um Wasser zu holen. Die Klöster müssen unbedingt von dort verlegt werden.‹ Benedikt tröstete sie liebevoll und entließ sie. In der folgenden Nacht stieg er mit dem jungen Placidus... auf die Felsenhöhe. Dort betete er sehr lange. Nach dem Gebet legte er an dieser Stelle als Erkennungszeichen drei Steine übereinander. Dann kehrte er in sein Kloster zurück, ohne daß dort oben jemand etwas bemerkt hatte. Am anderen Tage kamen die Brüder wegen der Mühsal des Wasserholens wieder zu ihm. Benedikt sagte: ›Geht! Wo ihr drei aufeinandergelegte Steine findet, dort höhlt den Felsen ein wenig aus. Der allmächtige Gott kann doch auch auf jenem Berggipfel Wasser hervorsprudeln lassen, um euch die Mühsal des Weges zu ersparen.‹ Sie stiegen wieder hinauf und fanden den Felsen, den Benedikt gekennzeichnet hatte. Da er schon feucht wurde, schlugen sie ein Loch, das sich sofort mit Wasser füllte. Das Wasser floß so stark, daß es bis heute reichlich hinabströmt und sich vom Gipfel des Berges ins Tal ergießt.«[13]

(9) *Maurus rettet Placidus vor dem Ertrinken* (Fresko von Sodoma). Gregor schreibt:

»Eines Tages weilte der heilige Benedikt in seiner Zelle. Der schon erwähnte junge Placidus aus dem Kloster des heiligen Mannes ging an den See, um Wasser zu holen. Aus Unachtsamkeit ließ er das Gefäß, das er in Händen hielt, ins Wasser fallen und stürzte sogar selbst hinein. Sogleich erfaßte ihn eine Woge und riß ihn etwa einen Pfeilschuß weit vom Ufer weg. Doch der Mann Gottes erkannte das sofort in seiner Zelle und rief Maurus eilends herbei. ›Bruder Maurus, lauf schnell! Der Knabe ist beim Wasserholen in den See gefallen, und eine Woge treibt ihn schon weit hinaus!‹

Etwas Wunderbares geschah, wie man es seit dem Apostel Petrus nicht mehr erlebt hatte. Maurus erbat und empfing den Segen, lief auf Befehl seines Abtes sofort bis zu der Stelle, wo die Woge den Knaben Placidus dahintrieb. Er glaubte, auf festem Boden zu gehen, und lief doch über das Wasser. Da packte er ihn an den Haaren und lief zurück, so schnell er konnte. Kaum war er am Ufer, kam er zu sich, blickte zurück und erkannte, daß er über das Wasser gelaufen war. Was er niemals für möglich gehalten hätte, war zu seiner Verwunderung und Bestürzung geschehen.«[14]

(10) *Der Priester Florentius will aus Neid und Eifersucht Benedikt vergiften* (Fresko von Sodoma). Gregor schreibt:

»In jener Gegend hatte sich bereits weit und breit die Liebe zu unserem Herrn und Gott Jesus Christus entzündet. Viele verließen das Treiben der Welt und beugten ihr hartes Herz unter das sanfte Joch des Erlösers. Die Schlechten aber beneiden immer die anderen um die Frucht der Tugend, um die sie sich selbst nicht mühen. So verhielt es sich auch mit Florentius, dem Priester einer benachbarten Kirche, dem Großvater unseres Subdiakons Florentius. Von der Bosheit des Alten Feindes angestachelt, war er eifersüchtig auf das Wirken des heiligen Mannes. Er fing an, dessen Mönchsleben zu verleumden und, wenn er eben konnte, jeden von seinem Besuch bei ihm abzuhalten. Florentius mußte schließlich einsehen, daß er dem Ansehen Benedikts nicht entgegenwirken konnte. Der gute Ruf von dessen Mönchsleben verbreitete sich immer mehr, und unablässig fühlten sich viele durch die Kunde über ihn zu einer besseren Lebensgestaltung gerufen. Florentius aber verzehrte sich mehr und mehr in der Flamme des Neides und wurde immer boshafter; denn das Lob für die Lebensweise Benedikts hätte er gerne selbst eingeheimst, aber ein lobenswertes Leben führen wollte er nicht.

Blind vor finsterem Neid ging er so weit, dem Diener des allmächtigen Gottes vergiftetes Brot zu senden, als wäre es gesegnetes Brot. Mit einem Dankgebet nahm es der Mann Gottes an, doch blieb ihm nicht verborgen, welches Unheil sich darin verbarg. Zur Stunde der Mahlzeit flog immer ein Rabe aus dem nahen Wald herbei und erhielt Brot aus der Hand Benedikts. Der Rabe kam nun wie üblich; der Mann Gottes warf ihm das Brot vor, das der Priester ihm geschickt hatte, und trug ihm auf: ›Im Namen unseres Herrn Jesus Christus: Nimm dieses Brot und wirf es an einer Stelle weg, wo es kein Mensch findet!‹ Da sperrte der Rabe seinen Schnabel auf, spreizte seine Flügel und hüpfte krächzend um das Bot herum, als müßte er deutlich machen, daß er zwar gehorchen wolle, den Befehl aber nicht ausführen könne. Wieder und wieder befahl ihm der Mann Gottes: ›Heb es auf, heb es ruhig auf und wirf es dort weg, wo niemand es finden kann!‹ Nach langem Zögern faßte es der Rabe endlich mit dem Schnabel, hob es auf und flog davon. Drei Stunden später kam er ohne das Brot zurück und erhielt nun wie gewohnt aus der Hand des Mannes Gottes sein Futter.«[15]

(11) *Benedikt verläßt mit einigen wenigen Mönchen das Tal von Subiaco* (Fresko von Sodoma). Gregor schreibt:

»Der heilige Mann zog fort.«[16]

(12) *Auf dem Berg oberhalb von Casinum läßt Benedikt eine Götterstatue stürzen* (Fresko von Signorelli). Gregor schreibt:

»Ein befestigter Ort mit Namen Casinum liegt am Abhang eines hohen Berges. Dieser Ort schmiegt sich in eine weite Mulde des Berges, der sich über drei Meilen zur vollen Höhe erhebt. Mit seinem Gipfel ragt er gleichsam in den Himmel. Dort stand ein uraltes Heiligtum, wo nach dem Brauch der heidnischen Vorfahren die einfältige Landbevölkerung den Gott Apollo verehrte.

Ringsum waren heilige Haine gewachsen, die dem Dämonenkult dienten. Hier plagten sich noch damals viele uneinsichtige Heiden mit ihren Götzenopfern ab.

An diesen Ort kam nun der Mann Gottes. Er zerstörte das Götterbild, stürzte den Altar um, holzte die heiligen Haine ab. Im Tempel des Apollo errichtete er ein Oratorium zu Ehren des heiligen Martin, und an der Stelle des Apolloaltares erbaute er ein Oratorium zu Ehren des heiligen Johannes. Den Leuten, die ringsum wohnten, verkündete er beharrlich die Frohe Botschaft und rief sie so zum Glauben.«[17]

(13) *Benedikt entlarvt den Schildträger Riggo, der sich für den Gotenkönig ausgegeben hatte* (Freko von Signorelli). Gregor schreibt:

»Zur Zeit der Goten hörte ihr König Totila, der heilige Mann sei prophetisch begabt. Er zog zum Kloster, hielt in einiger Entfernung an und ließ seine bevorstehende Ankunft melden. Vom Kloster wurde ihm sofort mitgeteilt, er könne kommen. Weil Totila aber mißtrauisch war, wollte er herausfinden, ob der Mann Gottes wirklich prophetischen Geist besitze. Er gab deshalb einem seiner Schwertträger namens Riggo seine Schuhe, ließ ihn die königlichen Gewänder anziehen und befahl ihm, sich dem Mann Gottes als König Totila vorzustellen. Zum Gefolge gab er ihm drei Grafen aus seiner engsten Begleitung mit: Vult, Ruderich und Blidin. Vor dem Diener Gottes sollten sie so tun, als ob Riggo der König Totila wäre, und ständig an seiner Seite bleiben. Er gab ihnen noch weitere Gefolgsleute und Schwertträger mit. So sollte jeder wegen dieses Gefolges und der Prunkgewänder denken, Riggo wäre der König.

Riggo betrat in den königlichen Gewändern und mit großem Gefolge den Klosterbereich. Der Mann Gottes saß in einiger Entfernung. Er sah Riggo, ließ ihn bis in

Hörweite kommen und rief ihm zu: ›Leg ab, mein Sohn! Leg ab, was du anhast! Es gehört nicht dir!‹ Riggo fiel sofort zu Boden; er war zu Tode erschrocken, weil er es gewagt hatte, mit einem solchen Mann sein Spiel zu treiben. Auch alle anderen, die mit ihm zum Manne Gottes gekommen waren, stürzten fassungslos zu Boden. Sie standen dann wieder auf, wagten aber nicht, sich Benedikt zu nähern, sondern sie kehrten zu ihrem König zurück und berichteten ihm zitternd, wie rasch sie durchschaut worden waren.«[18]

(14) *Der Gotenkönig Totila vor Benedikt* (Fresko von Signorelli). Gregor schreibt:

»Hierauf begab sich Totila selbst zum Mann Gottes. Er sah ihn in einiger Entfernung dasitzen, hatte aber nicht den Mut, näher zu kommen, sondern warf sich auf die Erde. Zwei- oder dreimal sagte ihm der Mann Gottes: ›Steh auf!‹, aber Totila wagte nicht, sich vor ihm aufzurichten. Da ging Benedikt, der Diener des Herrn Jesus Christus, schließlich selbst zum König hin, der am Boden lag, und hob ihn eigenhändig auf. Er hielt ihm seine Untaten vor und sagte ihm mit wenigen Worten sein künftiges Geschick voraus: ›Viel Böses tust du, und viel Böses hast du getan. Laß endlich ab von deinen bösen Taten! Ja, du wirst in Rom einziehen und auch das Meer überqueren. Neun Jahre wirst du regieren, doch im zehnten wirst du sterben.‹ Der König erschrak sehr, als er das hörte. Er bat ihn um sein Gebet und zog wieder ab. Von da an war er nicht mehr so grausam. Bald darauf kam er tatsächlich nach Rom und setzte auch nach Sizilien über. Nach dem Ratschluß des allmächtigen Gottes verlor er jedoch im zehnten Jahr seiner Regierung Herrschaft und Leben.«[19]

(15) *Fremde Krieger sind gekommen, um Montecassino zu zerstören – so wie Benedikt es vorausgesagt hatte* (Fresko von Signorelli). Gregor schreibt:

»Ein vornehmer Mann namens Theoprobus war den Mahnungen des Vaters Benedikt gefolgt und wurde Asket.... Eines Tages kam er in Benedikts Zelle und sah, wie er bitter weinte.... Da fragte er ihn nach dem Grund seiner Trauer. Der Mann Gottes erwiderte: ›Dieses ganze Kloster, das ich erbaut habe, und alles, was ich für die Brüder eingerichtet habe, ist nach dem Ratschluß des allmächtigen Gottes fremden Völkern preisgegeben. Nur mit Mühe habe ich erreichen können, daß mir das Leben der Brüder zugestanden wurde.‹«[20]

SUBIACO

Dort, wo Benedikt einst zuerst als Einsiedler und dann als Leiter einer Mönchsgemeinschaft lebte, östlich der kleinen Stadt Subiaco, an einer steilen Felswand oberhalb der Straße nach Lenne befindet sich heute ein Kloster. Sein Name: *Sacro Speco* = Heilige Höhle. Erbaut wurde es teils im 12., teils in den folgenden drei Jahrhunderten. Der Name Subiaco bedeutet schlicht »unterhalb« (lateinisch »sub«) des Sees (lateinisch »lacus«), nämlich eines von Kaiser Nero dort angelegten künstlichen Sees.

»Aber was ist Subiaco eigentlich, und wie soll man es beschreiben?« fragt Julien Green und gibt selbst die Antwort: »Man gelangt von einer mit Fresken geschmückten Kapelle in eine andere, die ebenfalls Wandmalereien aufweist, die das Leben des Gründers und seiner Jünger darstellen. Die teils klaren, teils verblaßten Farben lassen an eine unmittelbare Nähe zu Byzanz denken. Weitere Kapellen folgen, und jede führt etwas tiefer in den Fels hinein bis zu einer Treppe, über die man zu kleinen, zellenähnlichen Oratorien steigt und Gestalten in liturgischen Gewändern, Zeugen einer unwandelbaren Religion, erblickt. Über dem

Das Kloster Sacro Speco
Detail. Die Bauten des Klosters stammen aus dem 12.–15. Jahrhundert
und befinden sich an einer steilen Felswand oberhalb der Straße
nach Ienne.

ganzen liegt ein matter Glanz, und wir fragen uns, ob wir im Westen oder an einem geheimnisvollen Ort eines fernen Rußland sind. Wir müssen an Boris Godunow denken und warten fast darauf, die sanfte, langsam auf und ab schwellende Donnerstimme einer orthodoxen Glocke zu hören. Ein kleiner Gebetsraum fesselt uns ganz unten in diesem Felsen, den die Mönche ausgehöhlt haben, um darin eine ganze Abtei unterzubringen. Die Mauern verschwinden unter blassen oder lebhaften Farben, je nach dem, aus welcher Zeit sie stammen ... diese Stätten ..., wo der fromme Glaube gleichsam aus den Mauern dringt, und diese Altäre, wo im Flackern der kleinen roten Flamme die großen Gestalten auf den Mauern lebendig werden. ...

Man verläßt diese mystische Festung durch einen langen Hof, in dem zwei prächtige Raben, Männchen und Weibchen, in tiefes Nachdenken versunken scheinen, das nur von plötzlichen Flügelschlägen unterbrochen wird, als wollten sie das metallische Schwarz ihres Federkleides bewundert wissen. Von Zeit zu Zeit läßt das Männchen ein nicht sehr freundliches Krächzen hören. Er und seine Gefährtin sollen an die Freundschaft erinnern, die Benedikt für sie hegte.«[21]

Im Innern birgt dieses Kloster unter anderem eine Statue des noch jungen Benedikt, geschaffen von einem Schüler Berninis. Sie steht in einer Grotte, die vielleicht Benedikt beherbergte, als er dort ein Einsiedlerleben führte. Außerdem findet man eine Ober- und eine Unterkirche mit Fresken aus dem 13. Jahrhundert sowie Inschriften wie dieser:
> »Hier hat der hl. Benedikt den Hirten Unterweisungen erteilt. Damit hat er das eremitische Leben, das er in andächtigem Gebet in der oberen Grotte führte, mit der apostolischen Sendung vereint. Dieses ist der doppelte Weg, den seine zahlreichen Söhne und Töchter gehen müssen.«[22]

Eine andere Inschrift – auf einer Marmortafel an der sogenannten Hirtenstiege, die zum Rosengarten hinuntergeht – sagt:
> »Aus dieser Höhle gingen ungezählte Missionare hervor, die den Glauben brachten zu ...«[23]

Zwei der Fresken seien besonders erwähnt: *»Benedikt in Subiaco mit den Neuankömmlingen Maurus und Placidus«* und: *»Benedikt in Montecassino im Gespräch mit seiner Schwester Scholastika«.* Zu dem Bildthema des ersten schreibt Gregor:
> »Da kamen erstmals auch vornehme und fromme Römer zu ihm und brachten ihre Söhne, damit er sie für den allmächtigen Gott erziehe. Euthicius übergab ihm

seinen Sohn Maurus, der Patrizier Tertullus seinen Sohn Placidus. Beide berechtigten zu großen Hoffnungen. Maurus war noch jung, hatte aber schon einen reifen Charakter und wurde bald der Helfer des Meisters; Placidus hingegen war fast noch ein Kind.«[24]

Zu dem Thema des zweiten Fresko heißt es bei Gregor: »Seine Schwester Scholastika ... war gewohnt, ihren Bruder einmal im Jahr zu besuchen. Der Mann Gottes ging jedesmal zu ihr hinunter zu einem Gut des Klosters, das nicht weit entfernt lag. Eines Tages kam sie wie üblich. ... Während sie noch am Tisch saßen und ihr geistliches Gespräch fortsetzten, wurde es spät. Da flehte die gottgeweihte Frau, seine Schwester, ihn an: ›Ich bitte dich, laß mich diese Nacht nicht allein, damit wir noch bis zum Morgen von den Freuden des himmlischen Lebens sprechen können.‹ Er antwortete ihr: ›Was sagst du da, Schwester? Ich kann auf keinen Fall außerhalb des Klosters bleiben.‹

Es war so heiteres Wetter, daß sich keine Wolke am Himmel zeigte. Sobald aber die gottgeweihte Frau die Weigerung ihres Bruders hörte, fügte sie die Finger ineinander, legte ihre Hände auf den Tisch und ließ ihr Haupt auf die Hände sinken, um den allmächtigen Gott anzuflehen. Als sie dann das Haupt vom Tisch erhob, blitzte und donnerte es so stark, und ein so gewaltiger Wolkenbruch ging nieder, daß weder der heilige Benedikt noch die Brüder in seiner Begleitung einen Fuß über die Schwelle des Hauses setzen konnten, in dem sie beisammen waren.«[25]

In den Bergen, die das Kloster Sacro Speco umgeben, sieht man Ruinen, die zum Teil noch aus dem 5. Jahrhundert stammen – offenbar Reste der zwölf Klöster, die Benedikt in diesem Gebiet gegründet hatte. Und auf dem Weg von Subiaco nach Sacro Speco, oberhalb des Flusses Aniene, liegt ein Kloster, das seine Ursprünge ebenfalls auf Benedikt zurückführt. Dieses ist auch heute noch erhalten und von Benediktinermönchen bewohnt. Immer wieder war es erneuert und erweitert worden, im 10., 11. und 13. Jahrhundert. Im 18. Jahrhundert wurde die Klosterkirche umgestaltet und erhielt ihr heutiges Aussehen. In diesem Jahrhundert schließlich mußten die Schäden des Zweiten Weltkrieges behoben werden. Das Kloster besticht nicht zuletzt durch seinen mit Mosaiken und Kosmatenarbeiten geschmückten romanischen Kreuzgang. Es heißt – nach Benedikts Schwester – *Santa Scolastica.*

MONTECASSINO

Montecassino – so darf man ohne Übertreibung sagen – ist das berühmteste Kloster der lateinischen Kirche. Es gibt kein katholisches Kloster, das ihm an Alter und Würde gleich käme.

529 wurde Montecassino auf dem Berg (*monte*) oberhalb der Stadt Cassino (lat.: *Casinum*) als Haus für die von Benedikt geleitete Mönchsgemeinschaft erbaut. Merkwürdig und bezeichnend ist, daß im gleichen Jahr die Platonische Akademie in Athen geschlossen wurde. Sinnfälliger konnte wohl kaum zum Ausdruck kommen, daß die bisherige Epoche ihr Ende fand und eine neue begann. Und eben daran erinnert Montecassino: an eine Zeitenwende. 916 Jahre – fast ein Jahrtausend lang – hatte die Platonische Akademie bestanden. Montecassino besteht nach fast eineinhalb Jahrtausenden immer noch – allen Stürmen zum Trotz. Und Stürme hatte das Kloster genug erlebt.

577 wurde Montecassino von den Langobarden zerstört. Die Mönche kamen mit dem Leben davon und flohen nach Rom. Sie retteten als kostbarsten Schatz die Regel, die

Die Klosteranlage von Montecassino
Das von Benedikt von Nursia gegründete Kloster wurde
nach der Zerstörung im Zweiten Weltkrieg
im alten Umfang wiederaufgebaut.

Benedikt ihnen für ihr Gemeinschaftsleben gegeben hatte. Montecassino selbst blieb 140 Jahre lang ein Trümmerhaufen. Erst 717 begann man mit dem Wiederaufbau. 883/884 wurde es erneut zerstört, diesmal von den Sarazenen. Doch es ging nicht unter. Wenige Jahrzehnte später, um die Mitte des 10. Jahrhunderts, war es wieder die Heimstatt einer Klostergemeinde.

Montecassino erlangte sogar die Führungsstellung unter den Klöstern, die in Italien, Deutschland, Frankreich, England, Spanien und schließlich auch im Osten Europas entstanden und sich die Regel Benedikts und damit das von ihm selbst gegründete Kloster Montecassino zum Vorbild nahmen. 1349 war es ein Erdbeben, das die Gebäude zerstörte. Der Wiederaufbau begann sofort, und jedes der folgenden Jahrhunderte steuerte seinen Beitrag zur Erweiterung und Verschönerung des Klosters bei: Gebäude, Statuen, Fresken, Gemälde, Mosaiken, Chorgestühle und eine prächtige Orgel wurden geschaffen.

Am 15. Februar 1944 wurde das Kloster das Opfer eines verheerenden Bombenangriffs. Außer der im Beuroner Stil ausgemalten Krypta mit den Gräbern Benedikts und seiner Schwester Scholastica blieb praktisch nichts erhalten. Doch die rechtzeitig geflohenen Mönche machten sich sogleich an den Wiederaufbau. Schon 1945, am 15. März, legte Abt Gregorio Diamaro den Grundstein für die neu zu errichtenden Gebäude. Der italienische Staat übernahm die Kosten des Wiederaufbaus, weil das Kloster 1866 zum Nationaldenkmal erklärt und säkularisiert worden war. Allerdings wurde dabei den Mönchen – anders als bei der Säkularisierung 1803 in Deutschland – das weitere Verbleiben in ihrem Kloster gestattet.

1959 war das Kloster im alten Umfang und im alten Stil neuerstanden. 1964 konnte Papst Paul VI. auch die dazugehörende Basilika einweihen. In dem ihm eigenen, uns Heutigen fremd anmutenden kurialen Stil hielt er dabei eine Predigt. Daraus seien einige Sätze zitiert. Sie zeigen, was ihm Montecassino bedeutete und gewiß nicht ihm allein:

»Hier finden Wir den Frieden als beneidenswerten Schatz in sicherster Hut. . . . Hier finden Wir den Frieden wie das auferstandene Licht, nachdem der Krieg seine milde und segenspendende Flamme ausgelöscht hatte. . . . Friede euch, . . . die ihr heute mit Uns diesen heiligen Berg erstiegen habt und euch nun überwältigt fühlt vom Gefolge der alten Erinnerungen, der jahrhundertealten Überlieferungen, von den Zeichen der Kultur und Kunst, von den Gestalten der Hirten, der Äbte, der Herrscher und Heiligen! Ihr fühlt wie eine reißende Flut, die sich nun in majestätischem Strom beruhigt hat, die geheimnisvolle und bezaubernde Stimme der Geschichte, … der Kultur, … des Christentums, …: ihr fühlt hier lebendig den Atem der katholischen Kirche. … Wir möchten hier … im Verzeihen die Brüderlichkeit unter den Menschen wiederbeleben …; hier wollen wir die … Liebe zum christlichen Frieden anbahnen. …

Aber ist es nur der materielle Wiederaufbau Montecassinos, der diese Unsere Wünsche polarisiert …? Sicher nicht. Es ist seine geistige Sendung, die im materiellen Gebäude … ihr Symbol findet. Es ist seine geistige Anziehung und Strahlungskraft, die seine Einsamkeit mit Energien bevölkert, die der Weltfriede so nötig hat. … In längst vergangenen Jahrhunderten lief der Mensch dem Schweigen des Klosters zu, wie es Benedikt von Nursia tat, um sich selbst wiederzufinden. … Heute ist es nicht der Mangel des gesellschaftlichen Zusammenlebens, der zur gleichen Zuflucht drängt, sondern die Überfülle. Die Erregung, der Lärm, die Fieberhaftigkeit, die Veräußerlichung, die Menge bedrohen die Innerlichkeit des Menschen; es fehlt ihm das Schweigen mit seinem echten inneren Wert, es fehlt ihm die Ordnung, es fehlt ihm das Gebet, es fehlt ihm der Frieden, es fehlt ihm er selbst. Um Herrschaft über sich selbst und geistige Freude an sich selbst wiederzuerlangen, muß er sich dem benediktinischen Kloster nähern. … Zwei Hauptsachen lassen uns heute noch die strenge und milde Gegenwart Sankt Benedikts unter uns wünschen: Der Glaube, den er und sein Orden der Völkerfamilie verkündeten, jener vor allem, die Europa heißt, … und die Einheit, zu der der große einsame und soziale Mönch uns als Brüder erzog. … Glaube und Einheit: Was könnten Wir Besseres wünschen und erflehen für die ganze Welt und besonders für jenen … Teil, der Europa heißt?«

Und dann fügte der Papst hinzu, was er noch am gleichen Tage in dem *Motu proprio* »Pacis nuntius« – so der offizielle Titel – schriftlich erläutern und begründen sollte:

> »Damit den Menschen von heute … das Ideal der geistigen Einheit Europas nunmehr unberührbar heilig sei und ihnen die Hilfe von oben nicht fehle …, wollen Wir Sankt Benedikt zum Patron und Beschützer Europas erklären.«[26]

Gewiß fehlt dem Neubau von Montecassino der Charme des über die Jahrhunderte hin Gewachsenen. Dennoch läßt er den Besucher ahnen, was diese Abtei einstmals war und was sie trotz allem geblieben ist: Ort des Friedens, Ort des Gebetes, Ort der Wissenschaft und der Kultur.

Im *Eingangshof* zu den Klosteranlagen steht heute eine Bronze-Skulptur von Attilio Selba, gestiftet vom deutschen Bundeskanzler Konrad Adenauer. Sie zeigt Benedikt, wie er mit himmelwärts erhobenen Händen stirbt, wobei ihn zwei seiner Mönche stützen. Es ist die Szene, von der Papst Gregor schreibt:

> »Das Jahr, in dem Benedikt aus dem Leben scheiden sollte, war gekommen. Da sagte er einigen Jüngern im Kloster und einigen in der Ferne den Tag seines heiligen Todes voraus. … Sechs Tage vor seinem Tod ließ er sein Grab öffnen. … Von Tag zu Tag verfielen zunehmend seine Kräfte. Am sechsten Tag ließ er sich von seinen Jüngern in die Kirche tragen; dort stärkte er sich durch den Empfang des Leibes und Blutes unseres Herrn für seinen Tod. Er ließ seine geschwächten Glieder von den Händen seiner Schüler stützen, so stand er da, die Hände zum Himmel erhoben, und hauchte unter Worten des Gebetes seinen Geist aus.«[27]

Diese Skulptur befindet sich inmitten von Kreuzgängen, die weniger zum Verweilen als zum Weitergehen einladen. Führen sie doch zu weiteren Kreuzgängen und zu den monumentalen Treppen, an deren Füßen Statuen von Benedikt und seiner Schwester Scholastika den Besucher erwarten. Es ist, als wollten sie ihn einladen, emporzusteigen zu dem Paradies genannten Atrium, dem Vorhof der gewaltigen *Basilika*, die das eigentliche Zentrum der Klosteranlagen bildet.

Bronzene Türen führen ins Innere der Basilika. Auf den seitlichen Türen befinden sich Reliefs, die Szenen aus dem Leben Benedikts und aus der Geschichte der Abtei Montecassino bis hin zu ihrer Zerstörung im Jahre 1944 darstellen. Die Tür in der Mitte dagegen – ein nur relativ leicht beschädigtes und jetzt wiederhergestelltes Werk aus dem 11. und 12. Jahrhundert – enthält die Namen der Kirchen und Klöster, die damals der Zentralabtei Montecassino unterstellt waren.

Die Basilika ist weitgehend im Stil der vor dem Bombenangriff dort stehenden wiederaufgebaut worden. Diese stammte aus dem 17. Jahrhundert und war von einem Kranz von Seitenkapellen umgeben. Der Hauptaltar steht wieder über der Krypta mit den Gräbern der Geschwister Benedikt und Scholastika. Diese sind geblieben, was sie über die Jahrhundert hin waren: das Ziel der Pilger, die gekommen sind, um Benedikt und Scholastika ihre Ehrerbietung und Dankbarkeit zu bezeugen und sich mit ihnen im Gebet zu dem von ihnen verkündeten Gott zu vereinen.

Zu den Klosteranlagen gehören noch eine *Internatsschule*, eine nur Wissenschaftlern zugängliche *Bibliothek*, deren 80 000 Bände rechtzeitig ausgelagert worden sind und so den Krieg überstanden haben, und schließlich die eigentliche *Abtei*, die den Mönchen selbst vorbehalten ist und selbstverständlich nicht von jedem Touristen besichtigt werden kann.

Benedikts Vermächtnis

Das Vermächtnis, das Benedikt seinen Mönchen und darüber hinaus der ganzen Kirche hinterließ, ist seine Regel. Sie will dem, »der das Leben liebt und gute Tage zu sehen wünscht«[28] (Prol 15), eine Hilfe sein, das zu »tun, was uns für die Ewigkeit nützt« (Prol 44).

Benedikt schreibt dazu: »An sich genügt die Heilige Schrift als Richtschnur für das menschliche Leben«[29] (RB 73,3). Um »den Weg des Lebens« (Prol 20) aber auch »für Anfänger«[30] (RB 73,8) gangbar zu machen, schreibt er eine »einfache Regel« (RB 73,8).

Diese Regel ist in gewisser Weise mit dem Leben Benedikts identisch. Sie ist die Frucht seiner eigenen Erfahrungen in Vitoverbo, Subiaco und Montecassino. Sie ist die Frucht beharrlichen Meditierens der biblischen Schriften. Sie ist nicht minder Frucht eifrigen Studiums und dankbarer Benutzung früherer Regeln für das Zusammenleben von Menschen, die gemeinsam »unter der Führung des Evangeliums den Weg zum Leben«[31] gehen wollten, etwa der Regeln von Pachomius und Basilius im Osten sowie Augustinus und Johannes Cassian im Westen und schließlich auch der kurz vor Benedikt im Westen entstandenen sogenannten Magisterregel eines unbekannten Verfassers.

Benedikt schrieb seine Regel »nur« für dieses eine Kloster Montecassino. Aber sie wurde für viele Jahrhunderte zur einzigen Ordensregel im lateinischen Christentum. Ja, bei den Konzilien des Mittelalters lag sie gar neben dem Evangelium auf dem Altar, und außer der Bibel ist kein Werk des christlichen frühen Mittelalters in so vielen Handschriften enthalten wie die Benediktsregel. Und heute (Stand: 1990) gibt es weltweit 207 Gemeinschaften, in denen 8853

Männer, und noch einmal 868 Gemeinschaften, in denen 18 971 Frauen nach dieser Regel leben.[32]

Benedikt schrieb seine Regel auch »nur« für solche, die innerhalb von Klostermauern den rechten Weg gehen wollten. Die Frage erhebt sich immer wieder, ob sie nicht auch Wegweisung für viele andere sein kann, die außerhalb einer klösterlichen Gemeinschaft Halt und Orientierung suchen. Ist es doch die Regel eines Heiligen und damit von einem, »der (auch) in der dunkelsten Lage auf den rettenden Ausweg hinweist«[33].

Von dieser Aussage motiviert, fragen wir: Was ist der Inhalt dieser Regel? Die erste Feststellung, die jeder, der diese Regel liest, machen muß, ist diese: Da spricht einer, für den die Existenz Gottes unumstößliche Gewißheit ist. Daß der Verfasser dieser Regel felsenfest von dieser Existenz Gottes überzeugt und bis zur letzten Faser seines Daseins davon durchdrungen war, läßt sich schlechterdings nicht leugnen.

Auch ein zweites steht für Benedikt unverrückbar fest: Dieser Gott ist das Ziel eines jeden Menschenlebens. Dies gilt auch, wenn – wie zur Zeit Benedikts – die Begriffe Recht und Ordnung zu Fremdwörtern geworden sind. Italien war von den Wirren der Völkerwanderung erschüttert und Rom selbst zu einem Synonym für Ausschweifung, Profitgier und Laster verkommen. Hinzu kamen Benedikts persönliche Lebenserfahrungen: Ihm schlugen Haß und Neid entgegen, und es gab wiederholt Versuche, ihn zu vergiften. Benedikt fängt jedoch nicht an, zu jammern und zu zagen. Und noch viel weniger schreit er auf: »Wenn es einen Gott gäbe, dann würde er das alles nicht zulassen.« Vielmehr läßt er um keinen Deut an seiner Ur-Gewißheit rütteln: Gott ist da. Und nur Er ist unser Ziel – nicht der Versuch, jetzt erst recht das bißchen Leben, das man hat, auszukosten und zu genießen, auch nicht die Flucht vor der Wirklichkeit oder die Verzweiflung. Ziel ist nur Er. Und diesem Ziel gilt es entgegenzugehen.

Wie man den Weg zu diesem Ziel beschreitet, sagt Benedikt gleich im Prolog. Hier fordert er dazu auf, zu hören und zu antworten. Und noch ein Weiteres sagt Benedikt in seinem Prolog: Der Weg, der zu Gott führt, ist zugleich der Weg, der für den Menschen selbst Erfüllung bedeutet. Ist er doch der Weg der Liebe. Denn was meint und ist Liebe anderes, als den anderen anzunehmen und für den anderen dazusein, sich beschenken zu lassen und selber zu schenken und auf diese Weise zu hören und zu antworten! Lieben ist wie das Einatmen und Ausatmen und genau so wie dieses Atmen: Vollzug des Menschseins. Darum spricht Benedikt, der sonst so nüchtern und zurückhaltend ist, nicht nur von der Liebe, sondern von dem Glück der Liebe, ja sogar wörtlich von dem »unsagbaren Glück der Liebe« (Prol 49).

Nicht weniger als eben dieses unsagbare Glück verheißt Benedikt dem, der sich auf seinem Weg zu Gott von seiner Regel leiten laßt und ihre Aufforderung, zu hören und zu antworten, befolgt. Wie man das konkret macht, erläutert er in den 73 Kapiteln dieser Regel.

HÖREN

»Höre!« Das ist das erste Wort und die erste Aufforderung der Regel. Höre – und sei ganz und gar ein Hörender – »neige das Ohr deines Herzens«, sagt Benedikt (Prol 1) –, sei von Grund auf ein Empfangender, ein Offener, – einer, der Herz und Hände aufhält, der auch seine Augen öffnet (Prol 9), – einer, der bereit ist, nicht nur zuzuhören und sich belehren zu lassen, sondern überhaupt anzunehmen und sich beschenken zu lassen, – einer, der noch nicht fertig ist, – einer, der zugibt, daß er selbst nicht alles weiß und

nicht alles hat und nicht alles kann, – einer, der noch auf
etwas wartet, der noch die Sehnsucht kennt.

Und auf wen oder was sollen wir hören? Worauf sollen
wir warten? Was sollen wir annehmen?

(1) uns selbst,

(2) den anderen,

(3) die Situation, in der wir uns befinden,

(4) das Leid und

(5) in allem Gott.

Und das tun, heißt

(6) demütig sein und

(7) so zur inneren Freiheit gelangen.

Uns selbst annehmen

Zuallererst uns selbst annehmen: Das ist die erste Forderung – so wie es Benedikt tat, als er sich in die Einsamkeit
einer Höhle bei Subiaco zurückzog, um dort »bei sich
selbst zu wohnen«, wie Papst Gregor schreibt. »Da ging er
in sich«, heißt es in der Bibel (Lukas 15,17) über den ver-
lorenen Sohn. Fridolin Stier übersetzt diesen Begriff mit
»Zu sich selbst kommen«. Eben dazu lädt Benedikt ein: zu
schweigen, zu lauschen, lang Unterdrücktes in sich aufstei-
gen zu lassen: Fragen nach dem Warum, Wieso, Wozu und
nach dem Warum-wieso-wozu-gerade-Ich, die eigenen
Hoffnungen und Sehnsüchte, den Wunsch, daß dieses
oder jenes, nein, daß vieles anders hätte sein sollen – oder
anders werden sollte, Gefühle der Schuld, des Nicht-zu-
Hause-Seins, der Ohnmacht.

Hören auf den anderen

Ein zweites Ziel Benedikts: hören nicht nur auf sich selbst,
hören auch auf den anderen, zuhören können – und: einen

Sinn dafür haben, was der andere will, was er braucht, was ihn bedrückt, auch wenn er es nicht sagt. Verständnis haben für ihn. Ihn annehmen, wie er ist. Das Hören ist Voraussetzung für jede Begegnung, für jedes Gespräch, für jeden echten Dialog. Benedikt sagt darum auch vom Abt: »Er soll den Rat der Brüder anhören« (RB 3,2), und die Brüder sollen ebenfalls aufeinander hören (vgl. RB 71,1 und 72,6).

Die konkrete Situation wahrnehmen

Ein hörender Mensch zu sein heißt aber auch – so unglaublich das klingen mag –, »in allen Geschehnissen und Wechselfällen des täglichen Lebens das einladende und einfordernde Wort Gottes vernehmen zu können«[34]. Damit ist eben nicht gemeint, von dem, was uns umgibt, wegzuschauen. Die konkrete Situation, in der wir leben, betrifft uns doch. Wir leben mitten in ihr. Wir können ihr nicht ausweichen. Wir sollen sie annehmen und gestalten. Benedikt nennt dieses »Hören und Schauen auf die Situation, die Orts- und Zeitumstände«[35] »maßvolle Unterscheidung« (*discretio*) und sogar die »Mutter aller Tugenden« (RB 64,19). Dabei erinnert er »an die maßvolle Unterscheidung des heiligen Jakob, der sprach: ›Wenn ich meine Herden unterwegs überanstrenge, werden alle an einem Tage zugrundegehen‹« (RB 64,18).

Leid annehmen

Und wie bei der unausweichliche Situation, so auch beim unausweichlichen Leid: Ein Hörender sein heißt auch, Leid anzunehmen. Darum mahnt Benedikt ausdrücklich: »Man achte genau darauf, ob der Novize – also einer, der das klösterliche Leben beginnen will –, ... fähig ist, Widerwärtiges zu ertragen« (RB 58,7). Und er fährt fort: »Offen

rede man mit ihm über alles Harte und Schwere auf dem
Weg zu Gott« (RB 58,8).

Wozu uns die Stimme Gottes täglich ruft

Das Leid sollen wir annehmen – und in dem Leid den, der
es uns zumutet und es auf diese Weise in sein Anklopfen
verwandelt. Denn der, auf den wir hören, den wir erwarten,
den wir annehmen sollen, ist letztlich in allem und durch
alles hindurch Gott. Darum erfolgt gleich im Prolog die
Mahnung: »Hören wir mit aufgeschrecktem Ohr, wozu uns
die Stimme Gottes täglich mahnt« (Prol 9).

Demut lässt Raum für Gott

Ein Hörender sein meint auch zuzugeben, daß man noch
auf etwas wartet, daß man mehr Fragen hat als Antworten
weiß, heißt auch zuzugeben, daß man ja gar nicht weiß und
daß keiner beweisen kann, ob Gott wirklich hinter allem
steht und in allem wirkt und nur unser Bestes will. Dies
heißt im Grunde: sich und anderen nichts vorzumachen,
ehrlich zu sein und wahrhaftig. Benedikt sagt: demütig zu
sein. Ein ganzes Kapitel widmet er der Demut. Und er sagt
voller Zuversicht: Demut läßt uns Gott finden. Denn sie läßt
Raum für Gott. Wie auf den Stufen einer Leiter läßt sie uns
zu Gott emporsteigen – vergleichbar der Leiter, die Jakob
im Traume erschien und auf der er die Engel Gottes auf-
und niedersteigen sah und von der uns die Bibel in ihrem
ersten Buch (Genesis 28) berichtet.

Zur inneren Freiheit gelangen

Insgesamt zwölf Stufen der Demut zählt Benedikt auf, Stufen des inneren Wachsens und Stufen des äußeren Verhal-

tens, die aus ihr folgen. Und am Ende steht das, was Esther de Waal – Anglikanerin, Dozentin in Canterbury und Mutter von vier Söhnen – in ihrem Buch »Gottsuchen im Alltag« wie folgt beschreibt:

»Die oberste Sprosse der Leiter verheißt die Heiterkeit, die aus der Entdeckung kommt, daß Gott in meinem Leben die Führung übernommen hat und ich dadurch endlich zur Freiheit gelangt bin. Jetzt wird klar, worum es bei dieser langen Betrachtung der Demut eigentlich ging: um den inneren Durchbruch zur Freiheit. Ich bin erlöst von der Fixierung auf meine Selbstfindung, meine Ansprüche, meine Eigenständigkeit und alles, was sonst noch dazugehört. Das Neue Testament lehrt uns, daß der Mensch im Dienst Gottes die vollkommene Freiheit findet. ... Freiheit wozu? Dazu, ›tun zu können, was du im tiefsten Herzen wirklich tun willst‹.«[36]

ANTWORTEN

Der Mensch ist ein Hörender. Er ist aber dazu bestimmt und dazu aufgerufen, ein Antwortender zu sein. Er ist ja noch nicht fertig, noch nicht am Ziel. Er ist noch unterwegs, muß noch hingehen zu seinem Ziel. Darum schreibt Benedikt im Prolog: »Nimm den Zuspruch des gütigen Vaters willig an und erfülle ihn durch die Tat!« (Prol 1).

Wie lautet die Tat, die Antwort sein soll? Benedikt sagt:

(1) beten

(2) arbeiten

(3) den Nächsten achten und lieben

(4) ja sagen zum Leiden

(5) auf den Himmel hoffen und

(6) geloben, in allem beharrlich, dem Wandel gegen-

über aufgeschlossen und gehorsam, horchend und hörend zu sein.

Beten

Gott in der Stimme des Gewissens erahnen. Gott im Nächsten auf uns zukommen sehen. Gott murrend oder ergeben als den sehen, der uns Schicksalsschläge zumutet. Wie könnte die Antwort eine andere sein, als zu diesem Gott zu beten? Beten heißt zunächst ganz einfach: Gebete sprechen – selbst formulierte – diese aber sollen möglichst »kurz und lauter« sein, mahnt Benedikt (RB 20,4) – oder von Menschen formulierte, deren Gottessuche viel echter und deren Gotteserfahrung viel lebendiger war, als es uns gegeben ist, und deren Glaubenszeugnis uns die alttestamentlichen Psalmen aufbewahrt haben. Beten heißt aber auch: »seine Hoffnung Gott anvertrauen« (RB 4, 41) und: »an Gottes Barmherzigkeit niemals verzweifeln« (RB 4, 74), vielmehr »sein Leben vertrauensvoll in die Hände Gottes (zu) legen«[37].

Arbeiten

Benedikt nennt das gemeinsame Beten ein »opus Dei« oder »opus divinum« – was im allgemeinen schlicht mit »Gottesdienst« übersetzt wird. Für ihn ist aber auch die Arbeit ein »Gottesdienst«, und zwar ganz konkret die Handarbeit. Was immer man tut, ob man betet oder – wie Benedikt es selbst getan hat – auf dem Feld arbeitet, tut man, »damit in allem Gott verherrlicht werde« (RB 57,9). »Deshalb sollen die Brüder zu bestimmten Zeiten mit Handarbeit... beschäftigt sein« (RB 48, 1). »Sie sind dann wirkliche Mönche, wenn sie wie unsere Väter und die Apostel von ihrer Hände Arbeit leben« (RB 48,8).

Ein Kommentator der Benediktsregel schreibt sogar: »Nicht Entspannung und Versenkung sind ... unerläßliche Voraussetzung für ein Leben in der Gegenwart Gottes, sondern ... daß man ›genügend arbeitet‹!«[38]

»Arbeite und sei nicht traurig«, hat Benedikt einmal einem der Brüder gesagt, als er ihm ein verlorengegangenes Sichelmesser zurückgab.[39] Diese Hochschätzung der Arbeit ist nicht nur erstaunlich. Sie ist geradezu umwerfend. In der Antike war Handarbeit verpönt. Sie war für einen freien Mann unwürdig. Für so etwas hatte man Sklaven. Und das Alte Testament sah in der Arbeit die Strafe für die Sünde der Stammeltern. Jetzt aber kommt einer, der die Arbeit für alle verpflichtend und ehr-würdig macht. Sie gilt nicht als Mühsal oder Buße. Sie ist vielmehr dem Gebet gleichwertig: Alles ist opus Dei, Arbeit für Gott. Benedikt hat die in der Antike verpönte Arbeit geadelt. Er wurde so zum »Pionier einer neuen Zivilisation«[40].

Den Nächsten achten und lieben

Benedikt wäre nicht der Mann Gottes, als den ihn Gregor schildert, würde er nicht der Aufforderung, Gott in Gebet und Arbeit zu ehren, eine zweite hinzufügen, nämlich alle Menschen zu ehren (RB 4,8). Er meint damit nicht etwa nur die Christen, nein, alle Menschen, wie er zur Verdeutlichung der ihm als Vorlage dienenden Magisterregel ausdrücklich schreibt.[41] Und er verdeutlicht auch gleich dazu, wie das konkret auszusehen hat: Zunächst *negativ*: nicht töten, nicht die Ehe brechen, nicht stehlen, nicht begehren, nicht falsch aussagen, nicht eifersüchtig sein, nicht aus Neid handeln, Überheblichkeit fliehen, den Zorn nicht zur Tat werden lassen, der Rachsucht nicht einen Augenblick nachgeben, keine Arglist im Herzen tragen, nicht Böses mit Bösem vergelten. Und sodann *positiv*: Arme bewirten,

Nackte bekleiden, Kranke besuchen, Tote begraben, Bedrängten zu Hilfe kommen, Trauernde trösten, erlittenes Unrecht geduldig ertragen, die Feinde lieben, die, die uns verfluchen, segnen, die Älteren ehren, die Jüngeren lieben, für die Feinde beten, nach einem Streit noch vor Sonnenuntergang zum Frieden zurückkehren. So sagt er kurz, prägnant, apodiktisch, und das bereits im vierten Kapitel der Regel, noch bevor er seine Anweisungen für das gemeinsame Gebet gibt!

Er konkretisiert dieses Gebot, alle Menschen zu ehren, noch einmal in einem eigenen Kapitel über die Gastfreundschaft. Die, die an der Pforte eines Klosters – oder auch anderswo – anklopfen, wollen doch mehr als einen Teller Suppe oder ein Dach über dem Kopf. »Sie verlangen nach einem Menschen, der ihnen zuhört, ihre Leiden und ihr Leid wahrnimmt, ihre stillen oder offenen Fragen zu verstehen sucht, mit ihren Wunden umzugehen vermag, ihnen auf der Suche nach Sinn behilflich ist.«[42]

So schreibt in unseren Tagen Christian Schütz, selbst ein Benediktinerabt. »Arme und Pilger seien dem Kloster die liebsten Gäste«[43]. So sagt es Benedikt selbst (RB 53,15) – und aus den eindrucksvollen Schilderungen Gregors wissen wir, daß er in inneren und äußeren Schwierigkeiten den Menschen, die als Bittsteller zu ihm kamen, zur Seite stand und nicht zuletzt mit seinem Gebet ihr Fürsprecher und Anwalt vor Gott war. Obwohl viele Fragende und Ratsuchende von auswärts kamen, vergaß Benedikt aber beileibe die Brüder im eigenen Haus, besonders die Alten und die Kranken nicht: »Die Sorge für die Kranken muß vor und über allem stehen«, leitet er das 36. Kapitel ein, das eigens den kranken Brüdern gewidmet ist.

Das schwere Ja zum Leiden

Ist das alles? Es ist nicht alles, weil sich das Leben der Menschen nicht darin erschöpft. Das Leben kennt auch das Leid, die Angst, die Verzweiflung. Benedikt weiß darum. Und was sagt er dazu? »Unrecht... geduldig ertragen... Verfolgung leiden um der Gerechtigkeit willen« (RB 4,30. 33). Und »so in Geduld an den Leiden Christi Anteil haben« (Prol 50).

Es gilt, nicht die selbstquälerische Frage nach dem Warum zu stellen, sondern: »Es gilt, um des Herrn willen, alles zu ertragen, auch widrige Dinge: ›Um deinetwillen werden wir... behandelt wie Schafe, die man zum Schlachten bestimmt hat‹«[44] (Psalm 44,23; vgl. Römer 8,36; RB 7,38). Um deinetwillen! Eine andere Lösung weiß er nicht, und eine andere Lösung wissen andere auch nicht, vielleicht, weil es tatsächlich keine andere gibt. Und weiter: »Du hast, Gott, uns geprüft, und uns geläutert, wie man Silber läutert. Du brachtest uns in schwere Bedrängnis und legtest uns eine drückende Last auf die Schultern«[45] (Psalm 66,10 f; RB 7,40). Du, o Gott, Du – wer denn sonst!

Das in allem Elend und in aller Not zu bekennen weist auch den Weg zu der weiteren Antwort auf Gottes Rufen.

Auf den Himmel hoffen

Darum schreibt Benedikt an der Stelle, wonach wir nach biblischem Zeugnis wegen Gott – und nicht wegen unserer Sünden – wie Schafe behandelt werden, die man zur Schlachtbank führt, und wonach Gott selbst uns schier unertragbare Lasten auf die Schultern legt: »Freudig soll man der Vergeltung durch Gott entgegenhoffen«[46] (RB 7,39). Diese Aufforderung, Ermunterung, Ermutigung, die Hoffnung nicht aufzugeben, durchzieht die ganze Regel Benedikts – angefangen vom Prolog – »Wenn wir so in Geduld an den Leiden Christi Anteil haben, dann dürfen wir auch mit ihm sein Reich erben« (Prol 50) – bis hin zu der Schlußaufforderung: »Wenn du also zum himmlischen Vaterland eilst« – dahin und nirgendwohin sonst – »... nimm diese einfache Regel als Anfang« (RB 73,8).

Geloben, in allem beharrlich, dem Wandel gegenüber aufgeschlossen und gehorsam, horchend und hörend, zu sein.

Die Mönche, die der Regel Benedikts folgen und danach ihr Leben ausrichten wollen, versprechen, in dieser Weise Gott zu antworten, und zwar nicht irgendwie, sondern feierlich mit Urkunde und Unterschrift und in Gegenwart aller. Und Benedikt fordert von denen, die sich seiner Regel unterwerfen wollen, nicht die Befolgung der drei evangelischen Räte: Armut, Ehelosigkeit und Gehorsam. Erst später verpflichteten die im Mittelalter entstandenen Orden ihre Angehörigen durch die Gelübde zu deren Einhaltung. Bei Benedikt heißt die klösterliche Trias vielmehr: Beständigkeit, klösterlicher Lebenswandel und Gehorsam (RB 58, 17).

Beständigkeit ist das erste, was man gelobt, gleichsam das Fundament. Es bedeutet: ausharren in Geduld. »Er hält aus«, schreibt Benedikt über den Mönch (RB 7, 36), »ohne müde zu werden oder davonzulaufen, sagt doch die Schrift: ›Wer bis zum Ende standhaft bleibt, der wird gerettet.‹« (Matthäus 10,22). Konkret heißt das mehr als die »stabilitas loci«, wie diese Forderung oft verengend interpretiert wird. Benedikt selbst spricht entweder nur von »stabilitas« (Beständigkeit; etwa RB 61,5; 60,9; 58,17) oder von »stabilitas in congregatione« (Beständigkeit in der Gemeinschaft; RB 4,78). Beständigkeit heißt für ihn eben nicht nur, diesen Ort als meinen Weg zu Gott zu akzeptieren und auf diesem Weg beharrlich weiterzugehen, sondern meint auch, diesen Menschen, mit denen ich zusammenlebe, diese Aufgabe, die ich mir selbst ausgewählt habe oder die andere mir gestellt haben, anzunehmen. Außerhalb des Klosters würde das heißen: vor dieser Ehe, vor dieser Familie, vor diesem Beruf nicht davonlaufen – auch nicht vor dieser Pfarrgemeinde, diesem Volk, dem ich angehöre, diesem Zeitalter, in das ich ohne mein Zutun hineingeboren bin; den Wirklichkeiten des Lebens nicht ausweichen: dem oft so alltäglichen Einerlei, den nicht selten unbequemen Nachbarn, den viel zu häufigen Streitereien in Kirche und Politik, sondern mit dem Psalmisten beten: »Gib mir einen beständigen Geist« (Ps 51,12).

Denn Gott selbst will mich hier und jetzt – da, wo ich mich heute befinde. Er will, daß ich mich meinen Aufgaben in Familie, Kirche und Gesellschaft nicht entziehe. Er will, daß all das, was mich stört, was mich anödet, was mir zuviel wird, für und nicht gegen mich arbeitet.

Das zweite Versprechen – »*conversatio morum*« – klingt merkwürdig. Es hat verschiedene Übersetzungen erfahren: klösterlicher Lebenswandel, klösterlicher Tugendwandel, Leben nach der Regel bzw. Leben als Mönch nach dieser Regel. Dies eigens zu versprechen mag als überflüssig erscheinen. Aber vielleicht hat Esther de Waal recht, wenn sie in diesem Versprechen, das Thomas Merton »das geheimnisvollste unserer Gelübde«[47] nennt, ein Gegengewicht zum Gelübde der Beständigkeit sieht. Meint es doch ihrer Auffassung nach die Bereitschaft, sich auf Veränderungen einzulassen: auf die Menschen, die andere werden; auf die Zeitumstände, die alles andere als stabil sind; auf Situationen, die so noch nie da waren. Es soll davor bewahren, wie Lots Frau zurückzuschauen und nur zu jammern: Früher war doch alles anders und (natürlich) viel besser; oder sich selbst anklagend zu sagen: Hätte ich doch, wäre ich

doch ... Wir sollen ausharren in Geduld – aber nicht im Ge-
stern, sondern im Heute. »Ach, würdet ihr doch *heute* auf
seine Stimme hören«, mahnt der Psalmist (Ps 95,7). Und
Paulus bietet ein Beispiel dafür, wenn er sagt: »Als ich ein
Kind war, redete ich wie ein Kind, dachte ich wie ein Kind
und urteilte ich wie ein Kind. Als ich ein Mann wurde, legte
ich ab, was Kind an mir war« (1 Korinther 13,11).

Esther de Waal nennt andere Beispiele: nicht nur erwachsen, sondern alt werden; sich darauf einstellen, daß
die Kinder erwachsen geworden sind, eigene Meinungen
haben und schließlich auch das Haus verlassen; mit dem
Tod eines nahen Angehörigen fertig werden; gezwungen
sein, einen neuen Beruf zu ergreifen; eines Tages sogar den
Beruf aufgeben müssen und sich – sei es als Arbeitsloser, sei
es als Rentner – abgeschoben, ja überflüssig vorkommen.
»Conversatio bedeutet schlicht und einfach die Verpflich-
tung, sich den Forderungen von Wachstum und Wandel zu
stellen.«[48]

Und zum Schluß: das Gelübde des *Gehorsams*. Zu gehorchen ist die eigentliche Antwort auf das »Horchen«. Die
deutsche Sprache bringt es ebenso deutlich zum Ausdruck
wie die lateinische: *audire* = hören, horchen; *oboedire* = gehorchen.

Gehorsam meint aber nicht Gehorsam gegenüber dem
toten Buchstaben, auch nicht gegenüber bloßen Menschen, sondern gegenüber Gott selbst, wie immer Er uns
entgegentritt: in der Stimme des Gewissens, in den Wei-
sungen der Heiligen Schrift, in den Forderungen der »Situation«, in den Anweisungen des Abtes eines Klosters.
Und weil es Gehorsam gegen Gott ist, kann Abt Christian
Schütz schreiben: »Im Gehorsam vollzieht sich die eigentliche Platzanweisung in der Nachfolge des Herrn. ... Ein
Gehorsam, wie Jesus ihn lebt und uns zumutet, sprengt alle
Regeln, Grenzen und Gesetze; er kennt nur ein Maß: den

Willen Gottes. Der Sinn oder das Gespür für das, was Gott will, zeichnet ihn aus.«[49]

Wie hat Jesus Gehorsam gelebt und uns zugemutet? Als der Zwölfjährige mit seinen Eltern zum Paschafest nach Jerusalem gezogen war, kehrte er nicht mit ihnen zurück. Vielmehr blieb er ohne Wissen der Eltern in Jerusalem. Als diese ihm deshalb Vorwürfe machten, entgegnete er: »Wußtet ihr nicht, daß ich in dem sein muß, was meines Vaters ist?« (Lukas 2,41–49).

Als seine Mutter und seine Brüder ihn zu sprechen wünschten, folgte er ihren Bitten nicht. Vielmehr ließ er ihnen sagen, daß jetzt andere ihm Mutter und Brüder geworden sind (Matthäus 12,46–50).

Als er gefragt wurde, ob es erlaubt sei, dem Kaiser Steuern zu zahlen, entgegnete er: »Gebt dem Kaiser, was des Kaisers ist, und Gott, was Gottes ist« (Mt 22, 5–21). Das aber heißt: Gebt dem Kaiser nur das, was des Kaisers ist, und niemals das, was Gottes ist – damit nicht eines Tages wieder ein ganzes Volk, das von Eltern, Schule und Kirche zum blinden Gehorsam erzogen wurde, laut rufe: »Führer, befiehl! Wir folgen!«

Mit anderen Worten: Gebt euren Eltern nur das, was den Eltern gehört. Gebt euren leiblichen Brüdern und Schwestern nur das, was ihnen gehört, genau so, wie ihr auch dem Kaiser nur das geben sollt und nur das geben dürft, was dem Kaiser gehört. Macht aus nichts und aus niemandem einen Götzen. Haltet nie und nimmer Vorletztes für das Endgültige – weder Eltern noch Geschwister noch den Kaiser. Schaut weiter. Schaut darüber hinaus. Wißt, daß Gott mehr ist, größer, jenseits von allem, was man sehen, hören und betasten kann. Dann könnt ihr Benedikts Wort verstehen:

»Wer aber im klösterlichen Leben und im Glauben fortschreitet, dem wird das Herz weit« (Prol 49).

Und ebenso könnt ihr das Wort des Psalmisten verstehen:

»Ich eile voran
auf dem Weg deiner Gebote.
Denn mein Herz machst du weit« (Ps 119,32).

Der Psalmist, der so spricht, lebt ganz im Angesicht Gottes. Gott ist sein letztes, sein eigentliches Gegenüber. Für ihn bedeutet sich freuen:»Gott loben« – und sich beklagen:»Gott anklagen« – und gehorchen:»Gott annehmen und Gott antworten«. Denn hinter allem Endlichen sieht er den Unendlichen, der den Menschen groß will, so groß wie er selber ist.

Beneidenswert, wer das alles so zu sehen vermag und darum sagen kann:»Meine Speise ist es, den Willen dessen zu tun, der mich gesandt hat« (Johannes 4,34) – den Willen dessen, dem ich mein Dasein verdanke, dem ich meine Bestimmung, meine Aufgabe, das Ziel und den Sinn meines Lebens verdanke und der besser als jeder andere, auch besser als ich selbst weiß, was für mich gut ist, für mich und für alle, die ich liebe, mit denen und für die ich lebe. Aber wer kennt schon seinen Willen! Wahrscheinlich muß man Jesus von Nazaret gleich werden, um»Sinn und Gespür für das zu haben, was Gott will«, wie Abt Christian Schütz sich ausdrückt, und um so Gottes Willen das sein zu lassen, wovon man lebt und wodurch man glücklich wird und weit und frei.

Oder man muß sich von Benedikt, dem Mann Gottes, an die Hand nehmen lassen und von ihm lernen, daß wir Gott selbst annehmen, wenn wir uns selber, den Nächsten, die Situation, das Leid annehmen[50], und daß wir Gott selbst antworten, wenn wir beten, wenn wir arbeiten, wenn wir den Nächsten lieben, wenn wir Ja zum Leiden-Müssen sagen.[51]

Das Grab Benedikts in der Kirche von Montecassino

Und Gott ist doch kein Fremder. Er ist vielmehr der, der mich geschaffen hat, der mich bejaht, der mich so glücklich machen will, wie er selber ist. Er trägt nicht nur die ganze Welt und das, was daraus geworden ist, alle Situationen und Ereignisse der Vergangenheit und Gegenwart und Zukunft. Er trägt auch alles, was mir ganz persönlich zustößt, auch alles, was ich selber angerichtet habe und noch anrichte, und erfüllt es mit Sinn. Er macht, schreibt der Mailänder Kardinal und Erzbischof Carlo Martini, *»daß jedes Ereignis, ob gut oder böse, . . . für mich einen Sinn hat. «*[52]

Und diesen Weg, sich eben ganz diesem Gott zu überlassen und sich ihm anzuvertrauen, zeigt Benedikt in seiner Regel. Mehr will er nicht.

Anmerkungen

Einführung

1 *Joseph Bernhart*: Franz von Assisi – Leben und Wort. München 1956, 34
2 Nach *Erwin Möde (Hg.)*: Das Eugen-Biser-Lesebuch. Graz/Wien/Köln 1996, 103
3 *Bernhart*, aaO., 27 f
4 Ebd., 56

Franz von Assisi

1 So berichtet in der Erzählung von Bruder Leo und den Gefährten. Hier zitiert nach: *Otto Karrer (Hg.)*: Franz von Assisi – Legenden und Laude. Zürich 4. Aufl. 1990, 258
2 Zitiert nach: *J. Cabaud*: Simone Weil. Freiburg/München 1968, 174
3 Otto Karrer nennt diese Legenden »Geschichten von Begebenheiten, die sich zugetragen haben und die sich in den meisten Fällen nach Ort und Zeit datieren lassen. Aber freilich wollen sie nicht bloß … registrieren: sie wollen zugleich ›erbauen‹«, aaO., 9
4 So *N. G. M. van Doornik*: Franz von Assisi – Prophet und Bruder unserer Zeit. Freiburg/Basel/Wien 1977, 12
5 So *Joseph Lortz*: Der unvergleichliche Heilige – Gedanken um Franz von Assisi. Düsseldorf 1952, Buchtitel
6 Ebd., 30
7 *Bernhard Lang*, in: Gabriele Miller (Hrsg.): Rosen in der Wüste – Ein Mosaik zu Jesaja 40–55. Ostfildern 1996, 228
8 Nach *van Doornik*, aaO. (Anm. 4), 49. – Ebenso *Ivan Gobry*: Franz von Assisi in Selbstzeugnissen und Bilddokumenten. Hamburg 1976, 109
9 *van Doornik*, aaO., 204
10 Vgl. dazu Raoul Manselli: Franziskus – Der solidarische Bruder. Freiburg/Basel/Wien 1989, 222 ff. Manselli gibt allerdings zu bedenken, daß der einzige Zeuge für des Franziskus Reise nach Frankreich und Spanien (und seine Absicht, von da aus weiterzureisen nach Marokko) Thomas von Celano ist.

11 Zitiert nach *Otto Karrer*, aaO. (Anm. 1), 264

12 Ebd., 280

13 Ebd., 73 f

14 Ebd., 211

15 Ebd., 210

16 Ebd., 102

17 *Lortz*, aaO. (Anm. 5), 56

18 *Heinrich Federer*: Der heilige Franziskus von Assisi. Zürich 1979, 31 u. 38

19 Zitiert nach: *Anton Rotzetter*: Klara von Assisi – Die erste franziskanische Frau. Freiburg/Basel/Wien 3. Aufl. 1993, 163

20 Nach *Karrer*, aaO. (Anm. 1), 168

21 Ebd., 175

22 Ebd., 536

23 Ebd., 247

24 Ebd., 177

25 *Joseph Bernhart*: De profundis. 3. Aufl. München 1947, 10

26 Ebd., 183

27 So *Manselli*, aaO. (Anm. 10), 63

28 *Joseph Bernhart*: Franz von Assisi – Leben und Wort. München 1956, 34

29 »Du bist heilig, Herr Gott. . . . Du bist der Starke, Du bist der Große. . . . Du bist der Gute. . . . Du . . . bist die Liebe. . . . Du bist die unendliche Güte.« So schrieb Franz vor dem Abstieg von dem Alverner Berg mit eigener Hand auf einem bis heute aufbewahrten Stück Pergament (nach *Karrer*, aaO., Anm. 1, 536)

30 Hier zitiert nach *Bernhart,* aaO. (Anm. 28), 85–87

31 Bei *Karrer*, aaO. (Anm. 1), 29

32 Ebd., 88

33 Ebd., 101 f und 104

34 Ebd., 505 f

35 Ebd., 192 f

36 Hier zitiert nach *Bernhart*: aaO. (Anm 28), 81–84

37 Ebd., 7–9

38 Hier zitiert nach der Übersetzung aus dem Italienischen von Mario von Galli, in: *M. von Galli*: Gelebte Zukunft – Franz von Assisi. Luzern/Frankfurt 8. Aufl. 1977, 232

Clara von Assisi

1 Zitiert nach *Anton Rotzetter*: Klara von Assisi – Die erste franziskanische Frau. Freiburg/Basel/Wien 3. Aufl. 1993, 13

2 So (aufgrund von Zeugenaussagen) enthalten in den Akten ihres Heiligsprechungsprozesses. Hier zitiert nach *Chiara Augusta Lainati*: Die heilige Klara von Assisi. Werl 1987, 79

3 Nachzulesen bei *Otto Karrer (Hg.)*: Franz von Assisi – Legenden und Laude. Zürich 4. Aufl. 1990, 130

4 Testamentum Clarae 38, hier zitiert nach *Marco Bartoli*: Klara von Assisi – Die Geschichte ihres Lebens. Werl 1993, 206.

5 Nach *Rotzetter:* aaO. (Anm. 1), 61

6 Zitiert nach *Magdalena Steimerin*: Clara und Franciscus von Assisi – Eine spätmittelalterliche alemannische Legende, ins Neuhochdeutsche übertragen von Franz Anselm Schmitt. Konstanz o. J. (1959), 5. – Es handelt sich um eine Übersetzung der lateinischen Clara-Legende des Thomas von Celano ins Spätmittelhochdeutsche bzw. Alemannische des 15. Jahrhunderts.

7 Bei *Karrer:* aaO. (Anm. 3), 130

8 Zweiter Brief an Agnes 11–18, hier zitiert nach *Rotzetter:* aaO. (Anm. 1), 233

9 Regel II 1,4. Hier zitiert nach *Ch. A. Lainati*, aaO. (Anm. 2), 88

10 Zitiert nach *Karrer*, aaO. (Anm. 3), 549

11 Ebd., 549

12 Legenda Clarae 14. Hier zitiert nach *Leonhard Lehmann*: Klara von Assisi – Eine neue Lebensform. Werl 1994, 36

13 Zitiert nach *Bartoli*, aaO. (Anm. 4), 101

14 Zitiert nach *Magdalena Steimerin*, aaO. (Anm. 6), 22

15 Innozenz IV. war nicht der unmittelbare Nachfolger Gregors. Dazwischen lag die Amtszeit von Papst Coelestin IV., die aber nur 4 Wochen dauerte.

16 Zitiert nach *Rotzetter*, aaO. (Anm. 1), 285

17 Heiligsprechungsbulle 4, hier zitiert nach *Bartoli*, aaO. (Anm. 4), 120

18 Zitiert nach *Rotzetter*, aaO. (Anm. 1), 94

19 Ebd., 164

20 So *Bartoli*, aaO. (Anm. 4), 183. (Nach der Legenda Clarae Nr. 37.) Die Legende schildert diesen »Hungerstreik« mit den köstlichen Worten: *»Einstmals da gebot der Herr und Papst Gregor den Brüdern, daß sie ohn sein Erlaubnis nicht mehr den armen Frauen predigen sollten. Als die selig Frau Sanct Clar hörte, ihr wär die edel Speis des göttlichen Worts genommen, da erseufzet sie gar inniglich und rief all ihre Schwestern zu sich und sprach also: ›Mein allerliebsten Kind und Tochteren, seit man uns hat verboten die Brüder, die uns die Speis mit dem göttlichen Wort bringen, da verlangen wir auch nicht mehr nach den Brüdern, die uns da speisten mit dem Almosen.‹ Und schnell*

sandte sie da alle Brüder zu ihrem Ministro zurück und wollt keine Almosen-
sammler mehr, die ihnen das leiblich Brot erbettelten. Als der Papst dies hörte,
da übertrug er sein Gebot an ihren General« (Magdalena Steimerin, aaO.
(Anm. 6), 50 f)

21 So der Mittelalterfachmann *J. Leclercq.* Hier zitiert nach *Rotzetter,* aaO.
(Anm. 1), 21 u. 110

22 Hier zitiert nach *Hans Urs von Balthasar:* Die großen Ordensregeln.
Einsiedeln 1994, 299

23 Zitiert nach *Rotzetter,* aaO. (Anm. 1), 94 (Regel Claras 6,2).

24 Den lateinischen und den deutschen Text dieses Segens findet man
bei *Leonhard Lehmann:* Klara von Assisi – Eine neue Lebensform. Werl
1994, 47 f. Vgl. hierzu auch *Rotzetter:* aaO. (Anm. 1), 320 ff und *Bar-*
toli, aaO. (Anm. 4), 174 f u. 244 f

25 *Steimerin:* aaO. (Anm. 6), 18

26 Als solche sieht sie (in ihrem 3. Brief, Abs. 3) Agnes von Prag, aber
doch wohl nicht minder sich selbst. Hier zitiert nach *E. Grau* in seinem Geleitwort zu *Ch. A. Lainati,* aaO. (Anm. 2), 6. Vgl. auch *Lainati*
selbst, ebd., 78, sowie *L. Lehmann,* aaO. (Anm. 24), 44

27 *Steimerin:* aaO. (Anm. 6), 53

28 Ebd., aaO., 58

29 Zitiert nach *Rotzetter,* aaO. (Anm. 1), 257. Vgl. auch *Lainati,* aaO.
(Anm. 2), 756

30 Zitiert nach *Rotzetter,* aaO. (Anm. 1), 247. Dort der vollständige Text
(zusammen mit einer vorzüglichen Interpretation).

31 *Bernhart:* De profundis, aaO. (Anm. 25 zu: Franz von Assisi), 183

Katharina von Siena

1 Vgl. *L. von Pastor:* Geschichte der Päpste im Zeitalter der Renaissance
bis zur Wahl Pius' II. Freiburg 1885, 153. Hier zitiert nach *A. Hoff-*
mann, in: Katharina von Siena – Ausgewählte Texte aus den Schriften
einer großen Heiligen, hrg. u. übers. von Adolf Hoffmann OP. Düsseldorf 1981, 13

2 Zitiert nach *Freddy Derwahl:* Wie eine Kerze in der Nacht – Caterina
von Siena und die Kapelle von Astenet. Eupen 1978, 25

3 Ebd., 42

4 Über die Werke von und über Katharina informiert ausführlich
Adrian Schenker OP zunächst in der Einführung und dann wieder in
dem Anhang zu dem von ihm herausgegebenen und übersetzten »Leben der heiligen Katharina von Siena (Legenda maior des Raimund

von Capua)«. Düsseldorf 1965, 7 ff u. 169 ff. Dort (12 und 197) verweist Schenker auch auf die »Miracula«, tagebuchartige Aufzeichnungen ihres zeitweiligen Beichtvaters Fra Tommaso della Fonte. Raimund von Capua hat diese Aufzeichnungen, die später verlorengingen, noch für seine »Legenda maior« benutzt. – Zu den Schriften Katharinas (und ihrer frühen Verbreitung) vgl. auch *Hoffmann*, aaO. (Anm. 1), 22–24. – Ebenfalls unterrichtet über Katharinas Werke, die kritischen Ausgaben und Übersetzungen derselben sowie über die (bis 1944 erschienene) Literatur über Katharina *Ferdinand Strobel*: Katharina von Siena – Politische Briefe. Einsiedeln/Köln 1944, 292–297. – Hingewiesen sei auch auf *Katharina von Siena*: Ich will mich einmischen in diese Welt. Einsiedeln/Köln 1997

5 So *Titus Burckhart*: Siena – Stadt der Jungfrau. Olten/Lausanne 1958, 131

6 Der Bildband von *Walter Nigg* und *Helmuth Nils Loose*: Katharina von Siena – Die Lehrerin der Kirche. Freiburg/Basel/Wien 1980 enthält Abdrucke vieler dieser Kunstwerke sowie (auf den Seiten 113 ff) ein detailliertes Bildregister.

7 *Roswitha Schneider*: Katharina von Siena als Mystikerin, in: *Peter Dinzelbacher/Dieter R. Bauer (Hg.)*: Frauenmystik im Mittelalter. Ostfildern bei Stuttgart 1985, 290–313

8 In einem vermutlich an Raimund von Capua gerichteten Brief. Hier zitiert nach *Strobel*, aaO. (Anm. 4), 283

9 Bei *Schenker*, aaO. (Anm. 4), 41

10 Zitiert nach *Schneider*, aaO. (Anm. 7), 298

11 Zitiert nach *Schenker*, aaO. (Anm. 4), 98

12 Zitiert nach *Strobel*, aaO. (Anm. 4), 117 ff

13 Zitiert nach *Derwahl*, aaO. (Anm. 2), 199

14 Nach *Strobel*, aaO. (Anm. 4), 54

15 Ebd., 51

16 Ebd., 56

17 Ebd., 55

18 Ebd., 66

19 *Schenker (Hg.)*, aaO. (Anm. 4), 148 f. Walter Nigg bemerkt dazu: »So radikal und offen wie sie mit Papst Gregor XI. in Avignon gesprochen hat, hat meines Wissens noch nie ein Mann mit einem Träger der Tiara zu sprechen gewagt« (aaO., Anm. 6, 8)

20 So *Hanna-Barbara Gerl-Falkowitz*: Freundinnen – Christliche Frauen aus zwei Jahrtausenden. München 1994, 73

21 Nach *Schenker*, aaO. (Anm. 4), 125 f

22 Hier zitiert nach *Hilarius M. Barth* O P: Caterina von Siena – Meditative Gebete. Einsiedeln 1980, 25 f

23 Ebd., aaO., 154

24 Ebd., aaO., 10

25 Ebd., aaO., 78

26 *Augustinus*: Bekenntnisse, Buch X, 27, 38

27 Nach *Barth*, aaO. (Anm. 22), 89

28 Bei *Strobel*, aaO. (Anm. 4), 49

29 Bei *Barth*, aaO. (Anm. 22), 72

30 *Caterina von Siena*: Gespräch von Gottes Vorsehung, eingeleitet von Ellen Sommer-von Seckendorff und Hans Urs von Balthasar. Einsiedeln 1964, 220 (im folgenden zitiert als »Dialogo« = Gespräch)

31 Dialogo, 180

32 *Barth*, aaO. (Anm. 22), 143

33 Ebd., 154

34 Dialogo, VI

35 Ebd., 190 f

36 Ebd., 201

37 *Hoffmann*, aaO. (Anm. 1), 179

38 *Barth*, aaO. (Anm. 22), 75

39 Dialogo, 180 f

40 *Schenker*, aaO. (Anm. 4), 82

41 Ebd., 81

42 *Hoffmann*, aaO. (Anm. 1), 87

43 Ebd., aaO., 64 f

44 *Barth*, aaO. (Anm. 22), 82

45 *Hoffmann*, aaO. (Anm. 1), 107

46 Dialogo, 210

47 Dialogo, 210

48 *Gerl–Falkowitz*, aaO. (Anm. 20), 82 f

49 Ebd., aaO., 85

50 *Hoffmann*, aaO. (Anm. 1), 109

51 Ebd., 107

52 *Strobel*, aaO. (Anm. 4), 227

53 *Hoffmann*, aaO. (Anm. 1), 49. Vgl. auch ebd., 146: »Wie für uns selbst, so müssen wir für den Papst und die Kirche beten…. Denn im Gehorsam gegen den Papst und die Kirche werden uns alle Gnaden zuteil.«

54 *Schenker*, aaO. (Anm. 4), 83

55 *Hoffmann*, aaO. (Anm. 1), 178

56 Ebd., 104
57 *Barth*, aaO. (Anm. 22), 31
58 Nach *Gerl-Falkowitz*, aaO. (Anm. 20), 76
59 *Schenker*, aaO. (Anm. 4), 140
60 Ebd., 118
61 Ebd., 98
62 Ebd., 165

Benedikt von Nursia

1 Zitiert nach *Frumentius Renner*: Benedictus – Bote des Friedens. Papstworte zu den Benediktusjubiläen von 1880 bis 1980. Sankt Ottilien 1982, 84. Es handelt sich um das Motu proprio ,Pacis nuntius' vom 24. Oktober 1964.
2 *Gregor der Große*: Der hl. Benedikt. Buch II der Dialoge – lateinisch/deutsch, hrg. im Auftrag der Salzburger Äbtekonferenz. St. Ottilien 1995, 45 ff
3 Ebd., 50
4 Ebd.
5 Ebd., 54
6 *Gregor der Große*, aaO. (Anm. 2), 103
7 Ebd., 105
8 Ebd., 105 107
9 Ebd., 107
10 Ebd., 109
11 Ebd., 113
12 Ebd., 121 123
13 Ebd., 125 127
14 Ebd., 127 129
15 Ebd., 129 131
16 Ebd., 135
17 Ebd., 137
18 Ebd., 147
19 Ebd., 147 149
20 Ebd., 157. Abdrucke der genannten (und anderer) Fresken von Sodoma und Signorelli findet man in dem Bildband von *Walter Nigg* und *Helmuth Nils Loose*: Benedikt von Nursia – Der Vater des abendländischen Mönchtums. Freiburg/Basel/Wien 1979, sowie bei *Justin Lang*: Die großen Ordensgründer, Freiburg/Basel/Wien 1990
21 *Julien Green*: Bruder Franz. Freiburg/Basel/Wien 2. Aufl. 1993, 272 f.

Julien Green kommt ausgerechnet in seinem Franziskus-Buch auf Subiaco zu sprechen, weil auch Franziskus sich dort aufgehalten hat und ein Fresko, das Franz darstellt, daran erinnert.

22 Diese Inschrift befindet sich an einer Wand der sogenannten Hirtengrotte. Sie ist in lateinischer Sprache abgefaßt. Die hier zitierte deutsche Übersetzung ist entnommen dem Buch von *Christian Schütz/ Philippa Rath (Hg.)*: Der Benediktinerorden – Gott suchen in Gebet und Arbeit. Topos Taschenbuch 245, Mainz 1994, 127

23 Zitiert nach *Schütz/Rath*, aaO. (Anm. 22), 145

24 *Gregor der Große*, aaO. (Anm. 2), 123

25 Ebd., 189,191

26 Zitiert nach *Renner*, aaO. (Anm. 1), 77–83

27 *Gregor der Große*, aaO. (Anm. 2), 199

28 Aus der Regel Benedikts (RB) zitiere ich unter Hinweis auf das jeweilige Kapitel und den jeweiligen Vers, und zwar, falls nicht anders angegeben, nach der im Auftrage der Salzburger Äbtekonferenz herausgegebenen Regula Benedicti = Benediktusregel, lateinisch/ deutsch. Beuron 1992

29 Hier zitiert nach der Übersetzung von *Benedikt Probst*: Benedikt von Nursia – Früheste Berichte. St. Ottilien 1979, 32

30 Ebd., 32

31 Prol 20–21, hier zitiert in Anlehnung an *Victor Dammertz*: Benedikt von Nursia – Suche den Frieden und jage ihm nach. Kevelaer 1989, 10

32 Angaben nach *Schütz/Rath*, aaO. (Anm. 22), 215

33 So *Walter Nigg*: Der exemplarische Mensch – Begegnung mit Heiligen. Herderbücherei Band 384, 6. Aufl. Freiburg 1980, 123

34 So *Schütz/Rath*, aaO. (Anm. 22), 157

35 So wörtlich die Einleitung zu der im Auftrag der Salzburger Äbtekonferenz herausgegebenen *Regula Benedicti*, aaO. (Anm. 28), 37

36 *Esther de Waal*: Gottsuchen im Alltag – Der Weg des heiligen Benedikt. Münsterschwarzach 1992, 41 f

37 So *Schütz/Rath*, aaO. (Anm. 22), 159

38 *Michael Schneider*: Aus den Quellen der Wüste. Köln 1987, 33

39 Nach der Biographie Gregors, aaO. (Anm. 2), 127; hier übersetzt nach V. Dammertz, aaO. (Anm. 31), 63

40 Ebd., 64 f. – Vgl. auch *Basilius Senger*: Sankt Benedikt. Leben – Bedeutung – Sendung – Auftrag, 5. Aufl. Beuron 1986, 24: »Weil Benedikt den Wert und das Ethos der Arbeit betont hat, wurde die Regel geschichtsmächtige Lehrmeisterin der jungen germanischen Völker.«

41 Vgl. dazu *Schütz/Rath*, aaO. (Anm. 22), 62

42 Ebd., 85

43 In der Übersetzung von *Probst*, aaO. (Anm. 29), 177

44 Ebd., 62

45 Ebd., 62

46 Ebd., 62

47 *Thomas Merton*: Wie der Mond stirbt – Das letzte Tagebuch des Thomas Merton, hg. von H. G. Schmidt. Wuppertal 1976, 218

48 *de Waal*, aaO. (Anm. 38), 67

49 In *Schütz/Rath*, aaO. (Anm. 22), 114

50 »Höre, mein Sohn, auf die Weisung *des Meisters*«, sagt Benedikt gleich im ersten Satz, und Walter Nigg schreibt dazu: »Der Meister ist eindeutig Christus« (und nicht der Abt oder sonst ein Mensch). In: *Nigg/Loose*, aaO., 9). Aber Benedikt sagt das ja nicht nur hier – hier allerdings besonders eindringlich, weil es ja der erste Satz der Regel ist –, sondern viele Male, etwa gleich Prol 9 mit den Worten: »und hören wir, wozu uns die Stimme *Gottes* täglich mahnt«.

51 Auch das sagt Benedikt ausdrücklich (z. B. Prol 35), nämlich daß wir mit unserem Tun *Gott* und seinen Mahnungen antworten.

52 *Carlo M. Martini*: Christus entgegen – Meditationen für jeden Tag. Freiburg/Basel/Wien, 4. Aufl. 1994, 156; vgl. auch 137

Bildnachweis

Toni Schneiders, Lindau:

S. 26 aus: Rotzetter, Franz von Assisi, Herder, S. 45;
S. 51 aus: Der Mann aus Assisi, Herder, Nr. 16;
S. 62 aus: Rotzetter aaO., S. 61.

Helmut Nils Loose:

S. 144 aus: W. Nigg, Benedikt von Nursi, Herder, S. 12;
S. 151 aus: ebd. S. 23;
S. 183 aus: ebd. S. 49;
S. 140 aus: ebd. S. 46.

Das Staatliche Italienische Fremdenverkehrsamt, ENIT, Frankfurt am Main, stellte uns freundlicherweise die Abbildungen auf den folgenden Seiten zur Verfügung: 17, 21, 24, 31, 37, 66, 72, 100, 104, 107, 108, 158, 162 und 183.

Alle übrigen Abbildungen stammen vom Autor und aus dem Herder Bildarchiv.

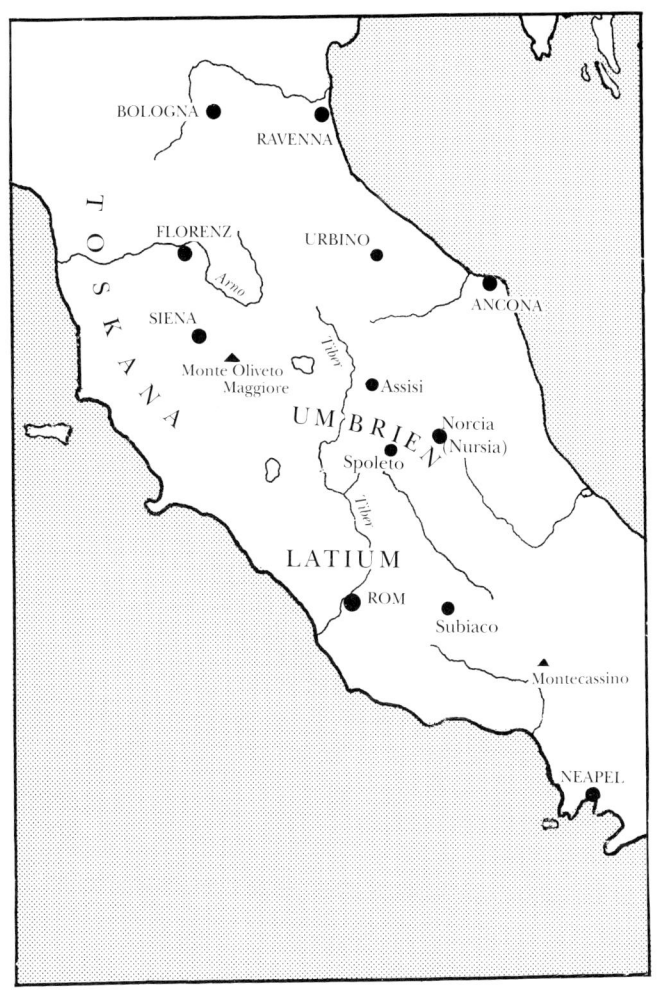

Auf den Spuren
von Franziskus
und Clara, Katharina
und Benedikt

WALTER REPGES

Nach Spanien reisen, um Gott zu finden

Auf den Spuren der Mystiker

210 Seiten, zahlreiche Abbildungen, Paperback,
ISBN 3-7820-0747-6

Das etwas andere Reiselesebuch geht den biographischen und geographischen Spuren in Spanien nach, die die drei Mystiker des 16. Jahrhunderts gezogen haben: Ignatius von Loyola, Teresa von Avila und Johannes vom Kreuz.

KARL MALY

Griechenland

Mythen, Götter und Mönche

244 Seiten, zahlreiche Abbildungen, Paperback,
ISBN 3-7820-0768-9

Wer sich diesem etwas anderen Reiselesebuch anvertraut, gewinnt einen nicht alltäglichen Einblick in die griechische Landschaft der Religion, Kunst und Kultur, die bis heute ihre zahlreichen Besucher in den Bann zieht.

IAN BRADLEY

Der Keltische Weg

208 Seiten, zahlreiche Abbildungen, geb. mit Schutzumschlag,
ISBN 3-7820-0732-8

»Der schottische Historiker und Theologe hat das keltische Erbe in Irland, Schottland und Wales mit unendlicher Geduld und begeisterter Hingabe erkundet. Es ist verblüffend, welche religiösen und poetischen Schätze er ans Tageslicht befördert…
Ansprechend sind die Bilder, die mannigfache künstlerische Elemente des keltischen Schönheitstriebes veranschaulichen.«

Deutsche Tagespost